LEI E LEVIATÃ:

resgatando o Estado Administrativo

Cass R. Sunstein
Adrian Vermeule

LEI E LEVIATÃ:
resgatando o Estado Administrativo

PREFÁCIO
Rafael Valim e Walfrido Warde

SÃO PAULO

2021

Copyright © Cass R. Sunstein and Adrian Vermeule, 2020
All rights reserved
Copyright © EDITORA CONTRACORRENTE

Alameda Itu, 852 | 1º andar |
CEP 01421 002
www.loja-editoracontracorrente.com.br
contato@editoracontracorrente.com.br

EDITORES
Camila Almeida Janela Valim
Gustavo Marinho de Carvalho
Rafael Valim
Silvio Almeida
Walfrido Warde

EQUIPE EDITORIAL
Coordenação de projeto: Juliana Daglio
Tradução: Nathalia Penha Cardoso de França
Revisão técnica: Diógenes Moura Breda
Revisão: João Machado
Diagramação: Pablo Madeira
Capa: Gustavo André

EQUIPE DE APOIO
Fabiana Celli
Carla Vasconcelos
Fernando Pereira
Lais do Vale

Dados Internacionais de Catalogação na Publicação (CIP)
(Câmara Brasileira do Livro, SP, Brasil)

Sunstein, Cass R.
    Lei e Leviatã : resgatando o Estado Administrativo / Cass R. Sunstein, Adrian Vermeule ; tradução Nathalia Penha Cardoso de França. -- São Paulo : Editora Contracorrente, 2021.
    Título original: Law and Leviathan: Redeeming the Administrative State
    ISBN 978-65-88470-74-9
    1. Direito 2. Direito administrativo
I. Vermeule, Adrian. II. França, Nathalia Penha Cardoso de. III. Título.
21-77599   CDU-35

Índices para catálogo sistemático:
1. Direito administrativo 35
Aline Graziele Benitez - Bibliotecária - CRB-1/3129

@editoracontracorrente
Editora Contracorrente
@ContraEditora

Às nossas famílias

Ó, é excelente
Ter a força de um gigante; mas é tirânico
Usá-la como um gigante.
William Shakespeare

SUMÁRIO

AGRADECIMENTOS ... 11
PREFÁCIO À EDIÇÃO BRASILEIRA ... 13
INTRODUÇÃO: "CONTENDAS PROLONGADAS E SEVERAMENTE DISPUTADAS" ... 17
    Salvaguardas substitutas e a segunda melhor opção ... 28
    Legalidade e autoridade ... 30
    Plano do livro ... 32

CAPÍTULO I – O *NEW COKE* ... 37
    Um movimento em aceleração ... 43
    O risco de abuso do Executivo ... 49
    O *APA* ... 50
    A Constituição ... 52

CAPÍTULO II – A MORALIDADE DO DIREITO: REGRAS E DISCRICIONARIEDADE ... 59
    Direito e moralidade ... 60
    Regras e o Estado de Direito ... 66
    Retroatividade ... 83

CAPÍTULO III – A MORALIDADE DO DIREITO: CONSISTÊNCIA E CONFIANÇA ... 89
    "As agências devem seguir suas próprias regras" ... 90

    A deferência *Auer* 97

    A deferência *Chevron* 105

    Dois quebra-cabeças 109

CAPÍTULO IV – A MORALIDADE DO DIREITO: LIMITES, *TRADE-OFFS* E O PAPEL DO JUDICIÁRIO ... 117

    Limites 119

    Objeções 125

    Um caminho adiante 134

    Direito Administrativo neoclássico? 135

CAPÍTULO V – SALVAGUARDAS SUBSTITUTAS EM AÇÃO 149

    A doutrina da não delegação 153

    A abordagem da Corte 155

    Deferência às interpretações de regulamentos pelas agências 158

    Auer e salvaguardas substitutas 162

    Chevron como um regime jurídico 164

    Controle de arbitrariedade, pretexto e congruência 171

CONSIDERAÇÕES FINAIS 175

BIBLIOGRAFIA 179

AGRADECIMENTOS

Devemos a muitas pessoas. Jacob Gersen, Peter Karanjia, Eric Posner, Daphna Renan, David Strauss e Francisco Urbina forneceram comentários valiosos. Dois revisores anônimos fizeram comentários úteis e uma perspectiva geral. Dinis Cheian, Maddy Joseph, Tiernan Kane e Zachary Manley ofereceram sugestões excelentes e assistência de pesquisa essencial. Um agradecimento especial ao Dinis, por ter ido muito além da sua "chamada à ação". Também somos gratos a dois maravilhosos reitores da *Harvard Law School,* Martha Minow e John Manning, pelo apoio de várias formas. A Sarah Chalfant, nossa agente literária para o livro, agradecemos permanentemente por sua sabedoria e apoio. E um agradecimento especial a Lloyd Weinreb por apresentar a um de nós (Sunstein) a visão de Lon Fuller sobre a moralidade do Direito durante um curso de graduação em Harvard na década de 1970.

Partes do capítulo 1 foram publicadas pela primeira vez em "The New Coke: on the plural aims of Administrative Law". *The Supreme Court Review,* 2015. Os capítulos 2, 3 e 4 estão parcialmente em um texto originalmente publicado como "The morality of Administrative Law". *Harvard Law Review,* vol. 131, n. 7, 2018. Uma versão da seção final do capítulo 4 foi publicada pela primeira vez como "Neo-?". *Harvard Law Review Forum,* vol. 133, n. 103, 2020. Agradecemos aos editores dessas revistas pela permissão para usar essas publicações aqui.

PREFÁCIO À EDIÇÃO BRASILEIRA

Esta obra, de autoria de dois destacados juristas estadunidenses, é um provocativo convite à reflexão sobre os desafios do Estado contemporâneo. Não se trata de uma simplista apologia ao Estado Administrativo, senão que uma bem elaborada construção teórica sobre o fundamento e os limites das agências administrativas encarregadas de satisfazer, segundo critérios técnicos, heterogêneas e cambiantes necessidades coletivas.

Malgrado a obra tenha como ponto de partida o sistema jurídico estadunidense, dela emergem, para proveito de todo e qualquer leitor, clássicos debates do Direito Público e da Ciência Política, como, por exemplo, os riscos da discricionariedade administrativa e a dicotomia entre burocracia e política.

Para o público brasileiro o livro se reveste de especial interesse, na medida em que dialoga com temas de grande relevância para o debate público nacional. Seja-nos permitido apontar alguns exemplos.

O "Estado Administrativo" de que nos falam os professores Cass Sunstein e Adrian Vermeule foi a inspiração do movimento de "agencificação" do Direito Administrativo brasileiro, no contexto da Reforma do Estado nos anos noventa do século passado. À época, mediante um discurso colonizado, as agências reguladoras eram "vendidas" acriticamente, como algo inelutável, uma panaceia capaz de curar todos os males da Administração Pública brasileira, e os seus críticos eram, naturalmente, qualificados como "dinossauros".

Sem ingressar nas vantagens e desvantagens do modelo de agências, é curioso observar como nos Estados Unidos ainda se trava uma batalha de legitimação dessas entidades. Diferentemente do que se dizia e ainda se diz no Brasil, as agências são um modelo em disputa nos Estados Unidos e despertam as mesmas preocupações em ambos os países, sobretudo no que respeita à tensão entre o saber técnico e a vontade democrática. Aliás, é exatamente para responder aos críticos e legitimá-las que os autores publicaram a obra que ora temos a honra de prefaciar.

Outro aspecto do livro sumamente importante para o Brasil é o resgate da teoria de Lon Fuller sobre a moralidade do Direito, cuja obra clássica, intitulada *The morality of law*[1], sequer está traduzida para o português. Segundo o eminente professor de Harvard, o fenômeno jurídico estaria sujeito a uma moralidade procedimental. Uma moralidade interna, pois, ao Direito, que se traduziria nos seguintes princípios: generalidade; publicidade; irretroatividade; inteligibilidade; consistência; praticabilidade; estabilidade; e congruência.

Cass Sunstein e Adrian Vermeule se valem da teoria de Lon Fuller para introduzir a ideia de moralidade do Direito Administrativo, por meio da qual se fundamentaria, mas, ao mesmo tempo, se limitaria a atuação das agências administrativas. Nas palavras dos autores, "os princípios da moralidade do Direito Administrativo fortalecem e restringem o Estado Administrativo". Seria uma forma de aplacar as preocupações dos críticos em relação ao exercício de competências administrativas discricionárias por burocratas.

---

[1] FULLER, Lon L. The morality of law, 2ª ed. New Haven: Yale University Press, 1969.

PREFÁCIO À EDIÇÃO BRASILEIRA

A Constituição brasileira consagrou explicitamente a moralidade como um princípio constitucional da Administração Pública (art. 37, caput), sob influência da doutrina jusadministrativa brasileira que, por sua vez, buscou inspiração na doutrina francesa, cujo precursor é Maurice Hauriou. É amplamente conhecida, entretanto, a problemática instaurada por esse princípio no Direito brasileiro. Não raras vezes, à luz de uma suposta "norma de moral social", a moralidade administrativa é usada para proibir ou punir situações que não estavam previstas em lei, promovendo assim uma verdadeira ruptura da legalidade.

A moralidade do Direito de Lon Fuller, como nos esclarece Cass Suntein e Adrian Vermeule, não enfraquece a legalidade, mas sim a reforça, por isso nos parece tão rico esse confronto de visões sobre a moralidade interna do Direito.

Resta-nos assinalar um último traço saliente desta extraordinária obra. Na atual quadra, em que, de um lado, verifica-se a ascensão de um populismo de extrema-direita – que nega a ciência e, consequentemente, a chamada "discricionariedade técnica – e, de outro, uma disfuncional expansão do Poder Judiciário – que esvazia a discricionariedade dos agentes políticos –, é fundamental revisitar o tema da discricionariedade administrativa; e os autores deste livro nos proporcionam preciosos elementos para tanto.

Sobejam razões, portanto, para recomendarmos vivamente a leitura desta obra que, em boa hora, a Editora Contracorrente oferece ao seu público.

Rafael Valim e Walfrido Warde

INTRODUÇÃO
"CONTENDAS PROLONGADAS E SEVERAMENTE DISPUTADAS"

O Estado Administrativo moderno é ilegítimo? Inconstitucional? Irresponsável? Perigoso? Intolerável? O Direito Público americano há muito está dividido por conflitos persistentes e sérios e até mesmo por uma espécie de guerra fria de baixa intensidade sobre essas questões.

Os críticos do Estado Administrativo argumentam que os Direitos Constitucional e Administrativo passaram a autorizar um aparato administrativo com poderes executivos de alcance e poder assustadores. De acordo com os críticos, esse acontecimento ameaça desfazer a estrutura constitucional original, interferir na ordem privada e nas liberdades econômicas e produzir políticas irresponsáveis e antidemocráticas. Os críticos apresentam três pontos distintos.

Primeiro: amplas concessões de autoridade às agências equivalem a uma transferência inconstitucional do Poder Legislativo para o Executivo. Desafiando o artigo I, seção 1 da Constituição dos Estados Unidos da América, as agências agora exercem esse poder. Segundo: algumas das agências mais poderosas são independentes do presidente e, portanto, representam uma usurpação ilegítima do Poder Executivo. Desafiando o artigo II, seção 1 da Constituição, essas agências exercem o Poder

Executivo livres do controle presidencial. Terceiro: a regra moderna de deferência judicial às agências em questões de direito é uma usurpação do Poder Judiciário, ou talvez uma abdicação da obrigação dos juízes de dizer o que é a lei. Desafiando o artigo III, seção 1 da Constituição, as agências estão autorizadas a interpretar a lei.

Na visão dos críticos, então, o Estado Administrativo efetiva um belo truque. De uma só vez, viola as alocações constitucionais originais para assumir poderes legislativos, executivos e judiciais.

Os críticos não constituem um bloco homogêneo; com respeito a questões específicas, eles se agrupam em coalizões cambiantes. Alguns deles são originalistas; pretendem falar em nome do que consideram ser o significado original da Constituição. Outros são libertários; eles estão focados na liberdade, como a entendem, e pensam que os administradores modernos a colocam em perigo. Outros ainda são democráticos; eles estão preocupados com a *accountability* e o controle democrático. Existem diferenças importantes entre essas perspectivas (e em diferentes variações, elas podem ser encontradas em muitas nações), mas elas convergem, acima de tudo, em uma grande preocupação: que *o Estado Administrativo ameaça o Estado de Direito*.

Para os originalistas, o Estado Administrativo é uma traição patente aos compromissos do esquema constitucional original e do sistema de poderes separados e divididos.[2] Para os libertários, as agências possuem uma discricionariedade amplamente irrestrita que lhes permite exercer poderes arbitrários, invadindo a liberdade privada e a propriedade privada e violando os valores fundamentais do Estado de Direito.[3] Para os democratas, a cadeia de *accountability* que vai de "Nós, o povo" até

---

[2] LAWSON, Gary. "The rise and rise of the Administrative State". *Harvard Law Review*, vol. 107, n. 6, pp. 1231-1254, 1994, pp. 1240/1241; e HAMBURGER, Philip. "Chevron bias". *George Washington Law Review*, vol. 84, n. 5, 2016. Essa visão é defendida com paixão e longamente em POSTELL, Joseph. *Bureaucracy in America*. Columbia: University of Missouri Press, 2017.

[3] EPSTEIN, Richard A. *How progressives rewrote the Constitution*. Washington: Cato Institute, 2006.

os funcionários que detêm o poder estatal é muito frágil; é minada pela excessiva conceção de discricionariedade de ação, permitindo que os legisladores se esquivem da responsabilidade política pelas decisões políticas finais.[4] É claro que essas preocupações podem ser misturadas e combinadas das mais diversas maneiras. Os originalistas podem dizer que a Constituição, entendida corretamente, cria uma cadeia de *accountability* democrática, os libertários podem dizer que a Constituição original era libertária, e assim por diante. Em qualquer caso, diz-se que a própria existência do Estado Administrativo contemporâneo cria algum tipo de crise de legitimidade.[5]

Os defensores do Estado Administrativo, embora altamente divergentes em suas abordagens e ênfases, rejeitam a ideia de que ele seja política ou legalmente ilegítimo, quaisquer que sejam os problemas e patologias locais que ele sem dúvida apresente.[6] Eles o consideram essencial para promover o bem comum na sociedade contemporânea; que ele é muito mais benéfico do que prejudicial; que é um reflexo claro da

---

[4] LOWI, Theodore J. *The end of liberalism*: the second republic of the United States. Nova York: W. W. Norton, 2009; e SCHOENBROD, David. *Power without responsibility*: how Congress abuses the people through delegation. New Haven: Yale University Press, 1995. Ver POSTELL, Joseph. Bureaucracy in America. Columbia: University of Missouri Press, 2017, que também enfatiza esse tema, com referência particular a fontes originalistas.

[5] Não concordamos necessariamente que essas reivindicações de uma crise de legitimidade sejam de fato justificadas. No entanto, como explicamos no texto, nosso projeto básico aqui é encontrar os críticos onde eles estão, colocando entre parênteses nossos próprios pontos de vista para, por assim dizer, abordar suas preocupações de dentro, na medida do possível. Para as opiniões sobre as questões de primeira ordem de um de nós, consulte VERMEULE, Adrian. "Bureaucracy and distrust". *Harvard Law Review*, vol. 130, n. 9, pp. 2463-2488, 2017.

[6] É conhecido que "legitimidade" pode referir-se à legitimidade legal, moral ou sociológica. Ver FALLON JR., Richard H. "Legitimacy and the Constitution". *Harvard Law Review*, nº 118, 2005. Como nossos propósitos aqui não são jurisprudenciais, não precisamos, definitivamente, escolher entre esses sentidos. Normalmente, iremos nos referir à legitimidade jurídica, embora às vezes o contexto deixe claro o contrário. As distinções são de importância secundária para nosso projeto, na medida em que, sugerimos, as regras que carecem de legitimidade moral e sociológica de maneiras suficientemente notórias, ou em graus suficientemente notórios, podem, por nossa conta, deixar de gozar de legitimidade jurídica.

vontade democrática; e que é inteiramente legítimo do ponto de vista constitucional. Em suma, eles o apoiam. Às vezes, eles defendem que, longe de ser constitucionalmente proibido, o Estado Administrativo é constitucionalmente obrigatório, a serviço do bem-estar geral.

Apontando para as antigas práticas na República americana, os defensores enfatizam o que consideram a fragilidade dos argumentos originalistas contra o Estado Administrativo. Eles negam que o Estado Administrativo viole o significado original da Constituição. Insistem que nada nos artigos I, II ou III é incompatível com o funcionamento geral das agências administrativas modernas. Apontam para a legitimidade constitucional do Estado Administrativo consubstanciada em autorizações parlamentares válidas (que, afinal, criaram o *Department of Transportation*, o *National Labor Relations Board*, a *Environmental Protection Agency*, entre outros). Alguns deles afirmam que o originalismo não é a abordagem adequada para a interpretação constitucional. Eles acrescentam que seria arrogante, uma forma de soberba, rejeitar as muitas décadas de entendimentos estabelecidos, mesmo que esses entendimentos entrem em conflito com pontos de vista amplamente defendidos nas décadas de 1780 e 1790.

Alguns defensores do Estado Administrativo também destacam sua *accountability* democrática, mediada tanto pelo Congresso quanto pela presidência, de maneiras diferentes. Eles observam que o Congresso, que é democraticamente responsável, está sujeito à cidadania, mesmo que conceda ampla discricionariedade aos órgãos administrativos. Se o Congresso fizer isso, talvez seja exatamente o que os cidadãos desejam que ele faça. Em caso afirmativo, qual é o problema democrático? Lembre-se de que todas as principais agências são criações do Congresso. Em qualquer caso, muitas das agências mais importantes, incluindo departamentos de gabinete, são dirigidas por pessoas que estão às ordens do presidente e, portanto, devem, nesse sentido, prestar contas a ele.

Esclarecendo, algumas agências são "independentes" do presidente, no sentido de que seus membros podem ser demitidos apenas por justa causa. Isso se aplica à *Federal Trade Commission*, à *Federal Communications Commission*, ao *Federal Reserve Board* e à *Nuclear Regulatory Commission*.

INTRODUÇÃO – "CONTENDAS PROLONGADAS E...

Porém, as agências independentes não são tão independentes assim. Afinal, seus diretores são indicados pelo presidente e, na maioria das vezes, suas preferências políticas estão amplamente alinhadas com a Casa Branca. Mesmo que o presidente não possa ordenar que os nomeados por ele tomem decisões específicas, o seu poder de nomeação, juntamente com outras prerrogativas, garante que elas sejam tudo menos um "quarto ramo sem cabeça"[7] do governo.

Por fim, os apoiadores defendem o Estado Administrativo por incorporar um conjunto razoável de julgamentos sobre o bem comum e o bem-estar geral. Na verdade, eles dizem que o Estado Administrativo é, de uma forma ou de outra, essencial para proteger a liberdade e o bem-estar de muitas pessoas que, de outra forma, seriam lesadas ou subordinadas pela exploração do mercado ou por condições injustas de emprego, ou também prejudicadas por questões relacionadas a problemas de saúde, pobreza, poluição e velhice.[8] Argumentam que grande parte da atividade administrativa é uma resposta às falhas de mercado, como quando os poluidores conseguem evitar pagar pelos problemas que causam.[9] Eles também alegam que os administradores respondem à falta de informação (por parte, digamos, de funcionários, consumidores e investidores) e a condições históricas e contemporâneas de privação e injustiça.

Desse modo, quem defende o Estado Administrativo nega que se trate de uma ameaça à liberdade, devidamente entendida. Considere algumas das atividades próprias desse Estado. As pessoas seriam mais livres sem as leis contrárias ao trabalho infantil? Sem leis de segurança

---

[7] Nota do tradutor: os autores fazem referência ao voto divergente do presidente da Suprema Corte John Roberts, no caso *City of Arlington v. Federal Communications Commission*, 569 U.S. 290, no qual ele retratou as agências que estão fora dos departamentos tradicionais do Executivo como *the headless fourth branch of government*, no sentido de um quarto poder independente do governo, para além dos Poderes Executivo, Legislativo e Judiciário.

[8] Sobre questões fundamentais, ver ADLER, Matthew D. *Well-being and fair distribution*: beyond cost-benefit analysis. Nova York: Oxford University Press, 2012.

[9] Para um relato influente nesse sentido, ver BREYER, Stephen. *Regulation and its reform*. Cambridge: Harvard University Press, 1981.

ocupacional? Sem leis de segurança alimentar? Sem proteção contra o assédio sexual? Sem leis contra a poluição atmosférica? Sem proteção contra pandemias? Alguns defensores do Estado Administrativo argumentam que sua existência não é apenas permissível constitucionalmente, mas também, em certo sentido, obrigatória, se o objetivo for levar a cabo as promessas do regime constitucional.[10]

Individualmente e juntos, argumentamos pelas nossas opiniões, quanto à primeira ordem dessas questões, que tendem claramente a uma ampla discricionariedade para o Estado Administrativo.[11] Um de nós (Sunstein) tem argumentado que essa ampla discricionariedade deveria estar sujeita aos princípios do bem-estar, garantindo um foco nas consequências humanas e empregando uma análise de custo-benefício.[12] O outro (Vermeule) não é um entusiasta da análise de custo-benefício, embora concorde que a promoção do bem comum e do bem-estar humano, amplamente entendidos, é a finalidade de qualquer governo. Mas nenhum de nós acredita que o *status quo* é perfeito; podemos ser favoráveis a reformas bastante significativas, embora nem sempre concordemos sobre as formas que devem assumir.

Nosso projeto aqui, no entanto, definitivamente não é repetir e insistir nas questões de primeira ordem segundo nossa percepção, embora também definitivamente não tenhamos a intenção de abandoná-las. O objetivo é simultaneamente mais modesto e mais ambicioso. Esperamos compreender e responder as preocupações dos críticos a partir de dentro, oferecendo uma estrutura que possa transcender os debates atuais e fornecer um regime unificador para acomodar uma variedade de pontos de vista de primeira ordem, com o objetivo de promover o bem comum e ajudar a identificar um caminho a seguir em meio a intensas divergências sobre questões fundamentais. Em nossa opinião,

---

[10] METZGER, Gillian. "1930s redux: the Administrative State under siege". *Harvard Law Review*, vol. 131, n. 1, p. 1-95, 2017.

[11] VERMEULE, Adrian. *Law's abnegation*: from law's empire to the Administrative State. Cambridge: Harvard University Press, 2016.

[12] SUNSTEIN, Cass R. *The cost-benefit revolution*. Cambridge: MIT Press, 2018.

este regime pode ser adotado não apenas por observadores ambivalentes ou hesitantes que tentam compreender as questões fundamentais, mas também pelos defensores mais entusiastas do Estado Administrativo (mesmo que prefiram menos restrições, em seu mundo ideal) e pelos céticos mais comprometidos (mesmo que prefiram a invalidação constitucional, em seu mundo ideal). Reconhecemos que essa esperança é altamente otimista. No entanto, acreditamos que é realista – e vamos oferecer algumas provas em apoio a essa convicção.

Como analogias, considere regimes jurídicos e políticos duradouros, como a Constituição dos Estados Unidos da América, a Declaração Universal dos Direitos Humanos e o Credo Niceno, todos os quais permitiram amplo escopo para contestação e conflito dentro de uma ordem comum.[13] Nosso regime foi concebido como um esforço para abarcar e aproveitar o que vemos como os argumentos mais fortes nos vários lados, incluindo enfaticamente os dos mais vigorosos defensores do Estado Administrativo e também os mais severos céticos a respeito. Reconhecemos que esses céticos podem não concordar com nossas afirmações sobre o que é mais forte em suas posições.

Um regime desse tipo não precisa, é claro, tentar prescrever resultados específicos ou eliminar divergências. Esse não é o objetivo dos regimes. Em vez disso, seu objetivo é fornecer uma linguagem e um horizonte comuns dentro do qual as discordâncias podem ocorrer de forma produtiva e estruturada. Ao fazer isso, esperamos promover bens comuns tanto aos críticos como aos defensores do Estado Administrativo, incluindo o bem comum e abrangente de um empreendimento constitucional compartilhado.

Para tornar essa esperança mais concreta, olharemos para um momento crucial e fundamental na História dos Direitos Constitucional e Administrativo. Em 1950, o juiz Robert Jackson escreveu para a

---

[13] VERMEULE, Adrian. "Chevron as a legal framework". *Jotwell*, 2017. Disponível em: https://adlaw.jotwell.com/chevron-as-a-legal-framework/. Acessado em: 20.10.2021.

Suprema Corte dos Estados Unidos no caso *Wong Yang Sung v. McGrath*.[14] A questão legal era um tanto técnica.[15] Para nossos propósitos, a principal importância de *Wong Yang Sung* reside em sua identificação de um macro-princípio para entender o papel do *Administrative Procedure Act* (*APA*) e da doutrina que o acompanha no Direito Público americano. Sobre o *APA*, Jackson escreveu em uma passagem famosa:

> representa um longo período de estudo e conflito; ele resolve contendas prolongadas e severamente disputadas, promulgando uma fórmula sobre a qual forças sociais e políticas adversárias se apoiam. Ele contém muitos compromissos e generalidades e, sem dúvida, algumas ambiguidades. A experiência pode revelar seus defeitos. Mas seria um desserviço para a nossa forma de governo e para o próprio processo administrativo se os Tribunais deixassem de, na medida em que os termos da lei o justificam, dar efeito aos seus fins corretivos onde os males a que se destina aparecem.[16]

---

[14] *Wong Yang Sung v. McGrath*. 339 U.S. 33 (1950).

[15] Mesmo que a propriedade técnica não seja simples de afirmar; grosso modo, era que os requisitos de separação de funções do então novo *Administrative Procedure Act*, promulgado apenas quatro anos antes, deveriam ser lidos implicitamente nos procedimentos de audiências administrativas em casos de deportação, para evitar as questões constitucionais do devido processo legal que surgiria se tais audiências fossem conduzidas por inspetores de imigração agindo simultaneamente como juízes e promotores. A consequência imediata foi separar as funções de julgamento e acusação nas audiências de deportação. Nessa etapa, a meia-vida do caso *Wong Yang Sung* provou ser comicamente curta. Seis meses depois de o caso ter sido julgado, o Congresso aproveitou a ocasião de uma lei de apropriações suplementares, com o objetivo de revisar, em termos pontuais, as leis de imigração relevantes, prevendo expressamente a combinação de papéis em julgamentos de deportação, tornando assim as questões constitucionais relevantes inevitáveis. Em 1955 – um ano após a morte do juiz Jackson –, a Suprema Corte, sem dúvida movida por essa demonstração de determinação legislativa, enfrentou diretamente a questão constitucional no caso *Marcello v. Bonds*, 349 U.S. 302 (1955), e defendeu bruscamente os arranjos combinados.

[16] *Wong Yang Sung v. McGrath*. 339 U.S. 40–41 (1950).

INTRODUÇÃO – "CONTENDAS PROLONGADAS E...

O entendimento de Jackson permaneceu mais ou menos latente até que foi reabilitado em 1978 por um de seus ex-assessores, um certo William H. Rehnquist. A improvisação no *common law* dos procedimentos das agências pela Corte de Apelações dos Estados Unidos para o Circuito do Distrito de Colúmbia foi invalidada pela opinião unânime da Suprema Corte no caso *Vermont Yankee v. NRDC*.[17] O início da opinião de Rehnquist foi descrita de maneira memorável pelo juiz Antonin Scalia como o equivalente jurídico de "No princípio era o Verbo".[18] Rehnquist disse o seguinte:

> Em 1946, o Congresso promulgou o *Administrative Procedure Act*, que, como observamos em outro lugar, não era apenas "uma regulamentação nova, básica e abrangente de procedimentos em muitas agências", caso *Wong Yang Sung v. McGrath*, 339 U.S. 33 (1950), mas também foi uma promulgação legislativa que resolveu "contendas prolongadas e severamente disputadas", promulgando uma fórmula sobre a qual forças sociais e políticas adversárias se apoiam.[19]

Nos capítulos seguintes, pretendemos recuperar e renovar a força dos princípios enfatizados nos casos *Wong Yang Sung* e *Vermont Yankee*. Como mostraremos, esses princípios oferecem uma resposta poderosa a muitas, embora certamente não a todas, das objeções ao Estado Administrativo. Nosso objetivo é descrever uma visão do Direito Administrativo e sua relação com o Estado Administrativo que proporciona um regime que promete "resolver [...] contendas prolongadas e severamente disputadas", um *modus vivendi* para o âmbito limitado do Estado Administrativo, no qual "forças sociais e políticas adversárias [possam] se apoiar". A peça central de nossa visão é um conjunto de princípios com apelo difundido

---

[17] *Vermont Yankee Nuclear Power Corp. v. Natural Resources Defense Council, Inc.*, 435 U.S. 519 (1978).
[18] SCALIA, Antonin. "Vermont Yankee, the APA, and the D.C. Circuit". *Supreme Court Review*, pp. 345-409, 1978.
[19] *Vermont Yankee Nuclear Power Corp. v. Natural Resources Defense Council, Inc.*, 435 U.S. 519, 523 (1978).

em muitos sistemas jurídicos, tão difundidos que são frequentemente discutidos sob o título de justiça natural, justiça processual natural ou alguma formulação desse tipo. No sistema americano, muitas vezes é dito – um tanto vagamente – que são inerentes à noção de "devido processo legal", à "tradição" ou a fontes constitucionais não especificadas.

Chamaremos esses princípios de moralidade do Direito Administrativo. Exemplos são apresentados ao longo do texto, mas, apenas para motivar intuições, examinaremos princípios como estes:

– as agências devem seguir suas próprias regras;

– a retroatividade é contraindicada e deve ser limitada para evitar abusos e

– as declarações oficiais das agências sobre direito e políticas devem ser congruentes com as regras que as agências realmente aplicam.

Tais princípios têm muito poder. Todos os dias, eles moldam e ratificam a autoridade das agências administrativas. Como veremos, esses princípios, assim como os demais princípios a eles associados, são, fundamentalmente, constitutivos da legalidade. Em formas desejáveis mais robustas, são ideais que aplacam muitas das preocupações que os críticos do Estado Administrativo tendem a agrupar sob títulos como "o Estado de Direito".

Estamos bastante alertas para um certo grau de ironia em nossa posição. A moralidade do Direito Administrativo que defenderemos repousa em princípios que são, eles próprios, em certos casos, difíceis de enraizar no texto do *APA*, como discutiremos nos capítulos 2 e 3. Alguns deles são razoavelmente vistos como inovações jurídicas. Um exemplo é o princípio fundamental de que as agências devem seguir suas próprias regras – um princípio que é central para o Estado de Direito, em uma ampla gama de concepções, mas que não está expressamente estabelecido em nenhum lugar do *APA*. Do ponto de vista do caso *Vermont Yankee*, com seu positivismo textualista, pode parecer estranho defender tal princípio como uma forma de resolver "contendas prolongadas e severamente disputadas".

Ainda em um grau maior, acreditamos que nossa abordagem representa uma tradução ou interpretação fiel do projeto do juiz Jackson no caso *Wong Yang Sung*. Nesse nível mais alto, nossa abordagem geral atende ao propósito jacksoniano, a busca por um *modus vivendi*, para o qual o presidente da Suprema Corte Rehnquist recorreu ao texto do *APA*. Além disso, essa abordagem, orientada pelos objetivos mencionados, é, em certa medida, ela própria uma restauração da concepção original de Jackson, que Rehnquist modificou e implementou de uma única maneira. No caso *Wong Yang Sung*, a conclusão de Jackson foi a seguinte: dado que o *APA* apresenta uma fórmula para resolver disputas severas, ele deve ser interpretado pelos Tribunais "para dar efeito aos seus propósitos corretivos lá onde os males a que se destina aparecem". Essa abordagem proposital foi visivelmente abandonada no caso *Vermont Yankee* em 1978, que cortou a citação de Jackson antes do final do trecho em questão e adotou uma linha textualista estrita. Nesse sentido, estamos recorrendo a um itinerário que vai de Rehnquist até Jackson. Como veremos, não é possível descrever todos ou mesmo a maioria dos princípios do Direito Administrativo, conforme sua evolução, como enraizados no texto ou no entendimento original do *APA* de forma direta.[20]

A questão principal é simples. A legislação administrativa atual está dividida por conflitos graves. Os casos *Wong Yang Sung* e *Vermont Yankee*, tomados em conjunto, determinam que o objetivo principal e legítimo do Direito Administrativo é estabelecer um regime comum para regular e civilizar, sem eliminar, as divergências em curso sobre o escopo, objetivos e poderes do Estado Administrativo, enquanto também promove valores

---

20 Estamos cientes, é claro, de que há um debate acirrado e contínuo sobre se os juízes devem seguir o "texto" ou, em vez disso, o "propósito". Não pretendemos arriscar uma opinião sobre esse debate aqui. Ao se referir ao propósito no sentido de Jackson, nosso único objetivo é abraçar uma aspiração mais ampla para o sistema do Direito Administrativo, e não sugerir que os juízes devem interpretar textos específicos com referência ao seu propósito.

que devem contemplar pessoas com diversos compromissos fundamentais. Nossa abordagem, ao elaborar a moralidade do Direito Administrativo, está inteiramente comprometida com esse espírito.

Salvaguardas substitutas e a segunda melhor opção

Aqui está outra maneira de descrever nossa abordagem, radicada na abordagem da segunda melhor opção (*second-best*) para o Estado Administrativo e suas instituições.[21] Muitos críticos do Estado Administrativo articulam preocupações profundamente arraigadas sobre o Estado de Direito e sobre a discricionariedade administrativa excessiva, mas incorporam essas preocupações em um discurso constitucional originalista que tem embasamento obscuro na história e na prática constitucional. A abordagem preferida deles é instituir limitações constitucionais substantivas sobre a autoridade das agências, especialmente por meio da aplicação judicial de doutrinas que restringem fundamentalmente o que as agências podem fazer – e derrubar, agora e para sempre, partes importantes da lei nacional, incluindo, potencialmente, disposições importantes do *Clean Air Act*, do *Occupational Safety and Health Act* e do *Federal Communications Act*.

No que diz respeito à lei atual, a abordagem dos críticos tem sido notavelmente malsucedida. Como discutimos no capítulo 5 e em todo o texto, a empolgação e as expectativas criadas pelos críticos nos últimos anos, de que o Direito Administrativo seria fundamentalmente reformulado pelo Tribunal de Roberts, foram profundamente frustradas (pelo menos até agora). Em casos importantes, a maioria do Tribunal reverteu obstáculos altamente esperados às operações do Estado Administrativo.

---

[21] Para o "*the second best*", como método de tratamento de problemas de Direito Público, ver VERMEULE, Adrian. *The system of the Constitution*. Nova York: Oxford University Press, 2011.

Dificilmente se conclui, no entanto, que a Corte, como um único ente, foi surda às preocupações legítimas dos críticos. Em vez disso, argumentaremos, a melhor explicação da lei atual é que os juízes adotaram uma abordagem diferente, uma que do ponto de vista dos críticos pode ser aceitável ou pelo menos tolerável como a segunda melhor opção. O Direito Administrativo atingiu o tipo de acomodação de equilíbrio que, de acordo com o princípio do caso *Wong Yang Sung*, reconcilia contendas prolongadas e severamente disputadas. Sob essa abordagem, o Direito Administrativo convergiu para os princípios da moralidade do Direito como *salvaguardas substitutas*.[22] Essas salvaguardas ajudam a proteger muitos dos valores e preocupações, articulados pelos críticos, sobre violações do Estado de Direito, discricionaridade administrativa excessiva, arbitrariedade e a erosão do poder judicial. As salvaguardas substitutas capturam o funcionamento do Direito Administrativo contemporâneo em seu aspecto mais atraente e também têm um poder crítico para o futuro.

É importante notar que o conceito de Estado de Direito, no qual daremos particular ênfase, é bastante contestado.[23] Nosso próprio entendimento será relativamente "estreito". Não identificaremos o Estado de Direito com o respeito à liberdade de mercado, com um compromisso geral com a justiça social, ou mesmo com o respeito à liberdade de expressão e ao direito de voto. Mesmo assim, a concepção estreita do Estado de Direito molda as maneiras pelas quais os governos podem buscar o bem comum e o bem-estar geral. Os princípios que discutimos devem ser entendidos como salvaguardas essenciais, mesmo que não sejam salvaguardas contra todos os males imagináveis, incluindo violações de direitos imagináveis, e – o que é crucial – embora sejam facilitadores ao

---

[22] O termo é usado em SUNSTEIN, Cass R. "Interest groups in American Public Law". *Stanford Law Review*, vol. 38, p. 29-87, 1985.

[23] HAYEK, Friedrich A. von. *The road to serfdom*. Chicago: The University of Chicago Press, 1944; FULLER, Lon L. *The morality of law*. New Haven: Yale University Press, 1962; e RAZ, Joseph. "The rule of law and its virtue". *In*: RAZ, Joseph. *The authority of law*: essays of law and morality. Nova York: Oxford University Press, 1986, p. 210. Baseamo-nos na compreensão de Fuller; o relato vivo, pontiagudo e esclarecedor de Raz é compatível com ela.

mesmo tempo que são limitadores. Como discutiremos, os princípios da moralidade do Direito Administrativo são melhor entendidos como pré-condições para a eficácia do Direito Administrativo como Direito. Nesse sentido, eles tanto canalizam como habilitam.

Em seu aspecto de salvaguardas, os princípios da moralidade do Direito Administrativo foram inequivocamente exibidos na Suprema Corte no período de outubro de 2018 a 2019, quando o conflito sobre a disciplina jurídica do Estado Administrativo atingiu seu auge. A reação da Corte não foi rejeitar limitações substantivas à autoridade das agências, mas canalizar a discricionariedade de ação por meio de princípios procedimentais substitutos e uma revisão completa para garantir que as declarações oficiais das agências fossem congruentes com suas motivações e comportamentos reais. Dessas e de outras maneiras, a Corte tem consistentemente seguido uma abordagem exatamente do tipo que identificamos.

Temos plena consciência, é claro, de que o período de 2018-2019 é apenas um retrato instantâneo, e que está esmaecendo rapidamente. Nós o exploramos considerando que ele ilustra e ilumina o quadro que descrevemos. Como tentaremos mostrar, esse quadro tem apelo duradouro. É, para o futuro previsível, "uma fórmula sobre a qual as forças sociais e políticas adversárias podem se apoiar". E seu potencial criativo está longe de se esgotar. Ele pode fornecer um trampolim, não apenas para novas aplicações, mas também para novas e melhores maneiras de promover os valores do Estado de Direito.

Legalidade e autoridade

Uma nota a título de esclarecimento e também de advertência: vamos abordar alguns dos maiores problemas que as democracias contemporâneas enfrentam, com foco particular nos Estados Unidos, mas com o objetivo de abordar problemas fundamentais em muitas nações. O Estado Administrativo é um problema sério, constitucional ou não? Ele promove a democracia, permitindo que funcionários públicos respondam a problemas sérios, ou mina a democracia ao fazer com que os legisladores evitem questões difíceis e empoderem funcionários públicos que não foram eleitos por ninguém? Ele promove a liberdade e o bem-estar, devidamente compreendidos, ao (por exemplo) permitir que os especialistas ajudem a decidir como reduzir as mortes nas estradas e aumentar a segurança no trabalho, ou solapa a liberdade e o bem-estar, devidamente compreendidos, ao permitir que burocratas não eleitos mandem nas pessoas? Os burocratas devem ser vistos como uma espécie de "estado profundo"?[24]

Para responder a essas perguntas, devemos explorar algumas questões concretas e bastante técnicas sobre a legalidade – o material dos sonhos dos advogados, ou talvez dos pesadelos. Devemos entrar em alguns temas espinhosos. Por exemplo: o Congresso tem autoridade constitucional para dar à *Federal Communications Commission* o poder de regulamentar o rádio e a televisão a fim de promover "o interesse público"? Para permitir que o *Department of Labor* emita regulamentos de saúde e segurança que são, em sua opinião, "necessários ou apropriados"? Para autorizar o *Department of Transportation* a emitir regras de segurança no trânsito que sejam "praticáveis"? Para responder a essas questões, precisamos explorar a "doutrina da não delegação", como é chamada.

E ainda: as agências federais têm autoridade para interpretar ambiguidades na lei federal? Se o Congresso deixou uma ambiguidade no *Clean Air Act*, a *Environmental Protection Agency* consegue resolvê-la? Ou essa questão é para os Tribunais? Esta é a questão da "deferência da *Chevron*".

E mais: as agências federais têm autoridade para interpretar ambiguidades em seus próprios regulamentos? Se a *Federal Trade Commission* emitir um regulamento que rege a publicidade enganosa, ela tem

---

[24] Nota do tradutor: a expressão usada pelos autores é *deep state*, conceito que significa um tipo de governança composta de redes de poder secretas e não autorizadas, sobretudo não eleitas, que operam independentemente da liderança política de um estado em busca de seus próprios interesses. Ver MICHAELS, John. "The American deep state". *Notre Dame Law Review*, n° 4, 2018.

o direito de resolver o significado de termos ambíguos? Ou isso seria uma atrocidade e um abuso? Essa é a questão da "deferência da *Auer*".

Teremos muito a dizer sobre a doutrina da não delegação, deferência *Chevron*, deferência *Auer* e outras questões técnicas. Não é possível compreender os pontos fundamentais – os desafios em grande escala para o Estado Administrativo moderno e a questão de como respondê-los – sem referência aos detalhes. Um dos nossos principais temas, que deixamos amplamente implícito, é que a intensidade daqueles que se aventuram a desafios dramáticos e de grande escala pode diminuir sob a luz de um encontro cuidadoso com os materiais concretos e atuais do Direito. Esperamos que os problemas técnicos não sejam uma distração excessiva dos temas maiores.

Plano do livro

O capítulo I esboça as principais visões – frequentemente conflitantes – sobre a legitimidade constitucional do Estado Administrativo. Identificamos um complexo de posições, que chamamos de *New Coke*, que critica radicalmente a posição constitucional do Estado Administrativo, rotulando-o como um afastamento das linhas de base da *common law* estabelecidas pela Constituição original de 1789. Respondemos que as alegações supostamente originalistas do *New Coke* é, em casos críticos, afirmações presentistas em linguagem originalista. Em nossa opinião, são inovações no cenário constitucional que se tornaram proeminentes como formas de articular as preocupações dos críticos sobre o Estado de Direito e a discricionariedade administrativa.

Porém, suponha que estejamos errados por uma questão de história. Ou suponha que as inovações, assim tomadas, mereçam apoio ou mesmo comemoração. Não temos a intenção de descartar as preocupações subjacentes. Ao contrário, uma premissa do livro é que tais preocupações devem ser levadas a sério e abordadas, mesmo, ou talvez especialmente, por aqueles que não duvidam da legitimidade básica do Estado Administrativo. Nossa reivindicação central nos capítulos seguintes é que a lei pode, faz e deve abordar essas questões de maneira diferente. Mesmo para aqueles que insistem que o Estado Administrativo moderno realmente levanta sérios problemas constitucionais, esperamos que essa reivindicação central tenha um apelo considerável, mesmo que apenas como a segunda melhor opção.

Os capítulos 2, 3 e 4 apresentam nossa visão afirmativa. Esses capítulos enfatizam princípios específicos associados ao Estado de Direito. No limite, um sistema jurídico que carece de tais princípios é injusto a tal ponto que não equivale a nenhum sistema jurídico real. O Estado Administrativo americano, por qualquer razão sensata, não sofre de defeitos desse nível de gravidade. Mesmo acima desse limite mínimo de legalidade, entretanto, esses princípios específicos funcionam como diretrizes e aspirações para um sistema que respeita e instancia o Estado de Direito.

Como também argumentaremos, entretanto, a aspiração a uma legalidade cada vez mais ideal dificilmente é o único objetivo adequado do sistema americano de Direito Administrativo. Dadas as restrições de tempo, atenção e recursos administrativos e judiciais, o idealismo procedimental deve inevitavelmente entrar em negociação com uma variedade de outros objetivos legítimos. Em muitos casos, portanto, a lei não impõe limites procedimentais rígidos às agências, mas apenas pede que elas forneçam uma explicação razoável de suas escolhas procedimentais (e outras), conectando-as aos seus objetivos programáticos.

O capítulo 2 examina esses temas com relação ao que o juiz Antonin Scalia chamou de "o Estado de Direito como o Direito das regras".[25] O juiz Scalia estava tratando da questão se a lei feita por juízes deveria assumir a forma de regras ou padrões discricionários. Colocamos ênfase especial no esforço da lei para caber no exercício de discrição ilimitada por parte dos administradores.

---

[25] SCALIA, Antonin. "The rule of law as a law of rules". *University of Chicago Law Review*, n° 56, 1989.

O capítulo 3 aborda uma questão central para o funcionamento do Estado de Direito: a extensão da tomada de decisões administrativas ao longo do tempo. Exploramos a consistência da tomada de decisão das agências, o *reliance interests* que ela gera e a medida em que os Tribunais policiam ambos no interesse da legalidade. Enfatizamos as virtudes das regras e da tomada de decisão consistente, ambas como restrições à arbitrariedade e como forma de capacitar as agências a atuarem com eficácia por meio da legalidade.

Ao mesmo tempo, afirmamos que esses não são os únicos objetivos que o Direito Administrativo tem adequadamente em vista. Como observamos, essas metas devem ser negociadas em nome do cumprimento de outros objetivos programáticos legítimos das agências; os Tribunais costumam fazer melhor pedindo apenas que as agências justifiquem suas escolhas, levando em consideração a incerteza do ambiente político relevante. O requisito de justificação fundamentada é central aqui. O capítulo 4 dá um passo atrás para considerar os limites dentro dos quais nossa abordagem opera, os *trade-offs* inerentes aos ambiciosos princípios de moralidade jurídica que defendemos e os limites da capacidade judicial para discernir esses princípios ou, de modo contrário, para aplicá-los em face de julgamentos administrativos razoáveis.

O capítulo 5 é um estudo de caso estendido. Ele coloca nossos temas no contexto de algumas lutas épicas sobre o direito e a legalidade do Estado Administrativo, muitas das quais se tornaram críticas nas principais decisões do Tribunal de Roberts. O tema geral são as salvaguardas substitutas. Entre outras questões, exploramos a doutrina da não delegação, a deferência *Auer* às interpretações que as agências fazem de seus próprios regulamentos, e a questão de se a tomada de decisão das agências deve ser passível de revisão como pretexto. Até o momento, os críticos mais vigorosos do Estado Administrativo não conseguiram obter nenhuma das vitórias que buscavam, na medida em que esperavam restringir o escopo da autoridade administrativa por meio do originalismo constitucional ou por meio de novas interpretações do *APA*. No entanto, o Tribunal não ignorou suas preocupações. Em vez disso, buscou a segunda melhor abordagem, o uso dos princípios do Estado de Direito como salvaguardas substitutas da legalidade.

INTRODUÇÃO – "CONTENDAS PROLONGADAS E...

No contexto de deferência às agências, por exemplo, a Suprema Corte tem buscado garantir que as interpretações das agências representem o entendimento da agência e levem em consideração os *reliance interests* ao longo do tempo, sem afirmar o tipo de princípio constitucional da primeira (melhor) escolha do controle judicial (*judicial review*) de *novo* de questões jurídicas, que os críticos esperavam obter. Da mesma forma, a experiência da Corte com a revisão de pretexto da decisão do *Commerce Department* para incluir uma questão sobre nacionalidade no censo – uma decisão da Corte que também ofereceu ampla deferência aos julgamentos substantivos do departamento e às suas previsões em face da incerteza – aborda a questão da espera por entendimentos da agência, enquanto se recusa a impor restrições substantivas.

O impulso geral das decisões do Tribunal de Roberts sobre Direito Administrativo, pelo menos até o momento, tem sido levar em consideração as preocupações sobre legalidade e discricionariedade administrativa por meio de salvaguardas indiretas, em vez de por meio de invalidação total ou de uma revisão substantiva agressiva. Por meio dessa elaboração da lógica processual implícita do Direito Administrativo, a lei resgatou a legitimidade do Estado Administrativo ao mesmo tempo em que reconheceu as queixas de seus críticos – abrindo um caminho para a resolução de contendas há muito disputadas.

Em nossa opinião, esse caminho é promissor tanto para os Estados Unidos quanto para nações de todo o mundo. É promissor porque tem potencial para autorizar as funções legítimas do Estado Administrativo contemporâneo e, assim, promover o bem comum e o bem-estar humano, ao mesmo tempo que ajuda a tornar reais os valores associados ao Estado de Direito.

CAPÍTULO I
O *NEW COKE*

No início do século XXI, o Direito Público americano está sendo ameaçado por um ataque fundamental à legitimidade do Estado Administrativo, que geralmente aparece sob a bandeira da "separação de poderes". Encontrados principalmente na academia, mas com algum apoio nos Tribunais, os adversários frequentemente se referem ao espectro da tirania ou do absolutismo. Às vezes, eles falam do despotismo de Stuart e valorizam um oponente (supostamente) heroico desse: o juiz de direito comum, simbolizado por Edward Coke.

Como entendemos o termo aqui, o *New Coke* é uma abreviatura para um conjunto de impulsos originados da crença na ilegitimidade do Estado Administrativo moderno. O *New Coke* pode assumir formas relativamente modestas, o que empurraria a doutrina existente gradativamente em direções consistentes com esses impulsos, mas às vezes assume formas muito mais agressivas, que invocariam artilharia constitucional pesada, seja para invalidar práticas de longa data ou para transformá-las à luz do que seus defensores veem como princípios básicos para a interpretação legal. Nas formas mais agressivas, a Constituição seria invocada para ameaçar a invalidação de importantes disposições da lei regulatória federal, incluindo o *Clean Air Act*, o *Federal Communications*

Act, o *Occupational Safety and Health Act* e o *National Traffic and Motor Vehicle Safety Act*.

Declarações proeminentes do *New Coke* incluem a opinião divergente do juiz Neil Gorsuch no caso *Gundy v. Estados Unidos*, defendendo uma versão renovada e fortalecida da doutrina da não delegação.[26] Outra é a opinião separada do juiz Clarence Thomas no caso *Perez v. Mortgage Bankers Ass'n*, argumentando para uma anulação da deferência *Chevron* à interpretação das leis pelas agências e da deferência *Auer* às interpretações das agências de suas próprias regras.[27] O *New Coke* também pode ser encontrado nas opiniões provocativas da juíza Janice Rogers Brown para a Corte de Apelações do Circuito de D.C., argumentando contra a atividade normativa pública e por um renascimento da doutrina da não delegação.[28] Várias dessas opiniões baseiam-se no trabalho de uma variedade de estudiosos do Direito libertário-originalista e analistas membros de *think tanks*, principalmente Gary Lawson e Philip Hamburger.[29]

Aqueles que abraçam o *New Coke* geralmente falam pelo que consideram o significado original da Constituição. Eles estão profundamente interessados em história. Algumas de suas elaborações históricas são informativas e impressionantes.[30] No entanto, e com respeito, pensamos que o *New Coke* pode ser melhor compreendido como um movimento constitucionalista vivo, um produto de valores e medos totalmente

---

26 *Gundy v. United States*, 139 S. Ct. 2116, 2131 (2019). (GORSUCH, J., opinião dissidente).

27 *Perez v. Mortgage Bankers Association*, 135 S. Ct. 1199, 1213 (2014). (THOMAS, J., opinião concordante).

28 Para citações, ver SUNSTEIN, Cass R.; VERMEULE, Adrian. "Libertarian Administrative Law". *University of Chicago Law Review*, n. 82, pp. 393-473, 2015.

29 Ver *Gundy v. United States*, 139 S. Ct. 2116, notas 29, 62 e 74 (2019); *Perez v. Mortgage Bankers Association*, 135 S. Ct. 1199, 1218-1220 (2014).

30 POSTELL, Joseph. *Bureaucracy in America*: the Administrative State's challenge to constitutional government. Columbia: University of Missouri Press, 2017.

CAPÍTULO I – O *NEW COKE*

contemporâneos.[31] Esses medos contemporâneos são claramente motivados pela contínua rejeição, em alguns setores, do próprio *New Deal*. O *New Coke* é análogo a outros movimentos do Direito Público americano, nos quais uma forma de "ciência normal" tem sido combatida por um vigoroso esforço de reforma jurídica e social, baseada em princípios fundamentais vindos de uma direção ideológica identificável.

No Direito Constitucional, insurgências intelectuais não são difíceis de encontrar. No primeiro terço do século XX, por exemplo, o escrutínio da legislação econômica da Suprema Corte dos EUA encontrou severas objeções dos juízes Oliver Wendell Holmes e Louis Brandeis, que falaram em nome da restrição judicial, endossada na época por muitos comentaristas progressistas. Em meados do século XX, a abordagem ocasionalmente cautelosa da Suprema Corte em relação às liberdades civis e aos Direitos Civis foi vigorosamente contestada pelos juízes William O. Douglas e Hugo Black, que, em geral, defendiam uma postura mais agressiva que a maioria da Corte estava disposta a apoiar. Nas décadas de 1970 e 1980, os juízes William Brennan e Thurgood Marshall – acompanhados por um coro de teóricos acadêmicos – teceram argumentos semelhantes em nome de uma revisão em grande escala do Direito Constitucional. Esses esforços não foram, em geral, baseados em uma insistência no significado original da Constituição; eles estavam enraizados em reivindicações amplas sobre democracia, liberdade e igualdade. Nosso ponto é que, mesmo que o *New Coke* possa reivindicar um *pedigree* histórico sólido — o que questionamos —, ele deve ser visto como um esforço igualmente ambicioso de reforma constitucional.

Não há dúvida de que, nas primeiras décadas do século XXI, um ataque fundamental à legitimidade do Estado Administrativo está

---

[31] Reconhecemos que muito trabalho histórico seria necessário para obter essa conclusão. Para tratamentos valiosos, ver MASHAW, Jerry L. *Creating the administrative constitution*: the lost one hundred years of American Administrative Law. New Haven: Yale University Press, 2012; e WHITTINGTON, Keith; IULIANO, Jason. "The myth of the Nondelegation doctrine". *University of Pennsylvania Law Review*, n° 165, 2017.

desempenhando um papel cada vez mais importante nas opiniões divergentes. Ocasionalmente, também atinge as opiniões da maioria. O juiz Thomas é o principal porta-voz desses ataques, e seus pontos de vista são bastante extremos; na Corte, ele fala apenas por si mesmo. Mas, em algumas ocasiões importantes, os juízes Samuel Alito e Neil Gorsuch, junto com (em menor grau e de maneiras diferentes) o presidente da Suprema Corte Roberts e o juiz Brett Kavanaugh, também demonstraram uma preocupação significativa com a autoridade discricionária exercida por agências administrativas contemporâneas. Aqueles que expressam essa preocupação às vezes apelam para princípios putativos da ordem constitucional anglo-americana, particularmente a resistência à prerrogativa executiva – o despotismo sem lei dos reis Stuarts. O oponente heroico do despotismo de Stuart é o juiz de direito comum, simbolizado por Edward Coke. Onde houver novos Stuarts entronizados, também deve haver um *New Coke*.[32]

Nossos objetivos neste capítulo não envolvem a história constitucional inglesa. Para nós, é pouco relevante se a narrativa estilizada dessa história, implícita no *New Coke*, é realmente verdadeira – embora sejamos céticos.[33] Em vez disso, nossos objetivos são jogar luz tanto sobre os compromissos legais específicos quanto sobre a Teoria Constitucional mais ampla do *New Coke*, e colocá-los em contato com o que entendemos ser uma visão mais sóbria do Direito Público americano, em particular com o que está refletido no *Administrative Procedure Act* (*APA*) e na Constituição. Esses objetivos são relativamente modestos. Não tentamos nada parecido com uma reconstrução completa do

---

32 Para quem sabe que, nos países da *Commonwealth*, Coke (o juiz) costuma ser pronunciado "Cook": imagine um papel contrafactual estruturado em torno de uma imagem diferente, a do novo cozinheiro que serve pratos não comestíveis.

33 Ver, por ex., TOMKINS, Adam. *Our Republican Constitution*. Portland: Hart Publishing, 2005, pp. 5–88 (detalhando os conflitos entre os Stuarts e os juízes de *common law* antes da Guerra Civil Inglesa e explicando que os juízes de *common law* apoiavam amplamente as reivindicações legais do monarca); e CRAIG, Paul P. "English Foundations of U.S. Administrative Law: four central erros". *Oxford Legal Studies Research Papers*, n. 3, 2017. Disponível em: https://papers.ssrn.com/sol3/papers.cfm?abstract_id=2852835#. Acessado em: 08.10.2021.

CAPÍTULO I – O *NEW COKE*

entendimento original do documento fundador. Esperamos dizer o suficiente para mostrar por que é um desafio, na melhor das hipóteses, vincular o *New Coke* e o ataque constitucional ao Estado Administrativo, a esse entendimento.

Dissemos que o *New Coke*, como a maioria dos ataques anteriores à "ciência normal", é em grande parte um produto de valores e medos modernos. Não obstante a linhagem histórica reivindicada por ele, seu uso por juízes e desembargadores está metodologicamente em consonância com decisões presentistas como as dos casos *Roe v. Wade*, *Obergefell v. Hodges* e (possivelmente) *Distrito de Colúmbia v. Heller*.[34] Nessas decisões – escritas ou não em termos originalistas –, tais valores e medos também desempenharam um papel central.

A principal preocupação do *New Coke* é o medo predominante de que o Executivo abuse de seu poder.[35] Esse medo era totalmente familiar para aqueles que elaboraram a Constituição e, nessa medida, os críticos do Poder Executivo contemporâneo certamente podem encontrar apoio no entendimento original. Afinal, a Constituição foi escrita após uma revolução contra um rei, e os temores em relação ao Poder Executivo eram inquestionavelmente proeminentes naquele período. Antes da vitória da Revolução Americana, esses temores foram decisivos.

Mas a ordem constitucional dos Estados Unidos, em geral, e o Direito Administrativo, em particular, também atendem a outros objetivos e riscos, e não consideram a prevenção de abusos do Executivo como objetivo primordial ou princípio mestre. Na verdade, os membros da geração fundadora queriam um governo nacional forte, não fraco. Eles não queriam um Executivo impotente. Eles sabiam que seria necessário um aparato administrativo. Com relação ao abuso de

---

[34] *Roe v. Wade*, 410 U.S. 113 (1973); *Obergefell v. Hodges*, 135 S. Ct. 2584 (2015); *Distrito de Colúmbia v. Heller*, 554 U.S. 570 (2008). Reconhecemos que existem argumentos plausíveis para Heller que não se baseiam em valores contemporâneos.

[35] Para uma declaração vigorosa, ver MURRAY, Charles. *By the people*: rebuilding liberty without permission. Nova York: Crown Forum, 2015, clamando por desobediência civil generalizada para neutralizar o abuso da agência.

autoridade, eles estavam principalmente preocupados com o "vórtice legislativo" que poderia atrair todo o poder para si, bem como com os abusos do Executivo em si.[36] Nos artigos da Confederação eles foram lembrados novamente do risco do vórtice e passaram a vê-lo como uma ameaça séria, talvez maior do que o Poder Executivo. Os membros da geração fundadora também estavam preocupados com o risco de opressão de um Judiciário irresponsável. Nem os abusos do Executivo, nem do Legislativo, nem do Judiciário deveriam ser estritamente minimizados, seja por uma questão de entendimento original ou por um projeto institucional ideal.[37]

Em vez disso, como escreveu James Madison no grande, mas negligenciado, artigo "O federalista n. 41", "em toda instituição política, o poder de propiciar a felicidade pública envolve um arbítrio sujeito a má aplicação ou abuso".[38] O Direito Público, de fato, nega os riscos de abuso oficial contra outros objetivos e compromissos. Isso inclui a participação pública e a *accountability*, o que às vezes levará a um Executivo mais forte; a eficiência no governo, que pode levar na mesma direção; a formulação de políticas racionais e coordenadas e (um tema crucial no trabalho de Alexander Hamilton) a promoção do bem comum e do bem-estar geral, frequentemente por meio da ação executiva de funcionários públicos, que às vezes exibem uma "energia" constitucionalmente legítima.[39]

A serviço desses objetivos múltiplos, a Constituição e o Estado Administrativo tentam canalizar e restringir, em vez de eliminar ou

---

[36] MADISON, James. "O federalista n. 47". *In*: MADISON, James; HAMILTON, Alexander; JAY, John. *Os Artigos Federalistas 1787-1788*. Rio de Janeiro: Nova Fronteira, 1991.

[37] VERMEULE, Adrian. *The Constitution of risk*. Nova York: Cambridge University Press, 2014.

[38] MADISON, James. "O federalista n. 41". *In*: MADISON, James; HAMILTON, Alexander; JAY, John. *Os Artigos Federalistas 1787-1788*. Rio de Janeiro: Nova Fronteira, 1991, p. 291.

[39] HAMILTON, Alexander. "O federalista n. 70". *In*: MADISON, James; HAMILTON, Alexander; JAY, John. *Os Artigos Federalistas 1787-1788*. Rio de Janeiro: Nova Fronteira, 1991, pp. 440 e ss.

CAPÍTULO I – O NEW COKE

minimizar, a discricionariedade executiva. O *New Coke* é inerentemente limitado e unilateral, um reflexo de um subconjunto das preocupações relevantes e, por essa razão, oferece uma explicação irremediavelmente parcial tanto do Direito Administrativo quanto do Direito Constitucional. É verdade, é claro, que as proposições amplas sobre objetivos plurais não podem descartar questões concretas, como a natureza da doutrina da não delegação ou o grau apropriado de deferência a ser dado às interpretações das agências sobre os seus próprios regulamentos. Mas uma compreensão dos objetivos plurais pode, pensamos, dissipar os pressupostos centrais do *New Coke* que tratam a discricionariedade executiva como uma espécie de afastamento em grande escala do plano constitucional, ou que veem o escrutínio judicial intensificado como uma cura para o que nos aflige.

Um movimento em aceleração

Fora dos Tribunais, a receita do *New Coke* já vem fermentando há muito tempo; em alguns aspectos, suas origens podem ser encontradas no período do *New Deal*, especialmente nos escritos de Dean Roscoe Pound, que falou em "absolutismo".[40] Mas tem sido um foco particular durante o período que nos preocupa, que é o passado de duas décadas.

No governo de George W. Bush, os libertários civis da esquerda e da direita – mas especialmente da esquerda – invocaram a retórica da tirania em relação à Baía de Guantánamo e ao chamado *USA Patriot Act*, denominando o presidente de "George III" ou, de outro modo,

---

[40] Ver POUND, Roscoe. *Administrative Law*: its growth, procedure, and significance. Pittsburgh: University of Pittsburgh Press, 1942. Ver também a p. 132, sugerindo que "devemos ter em mente que as Teorias do desaparecimento do Direito seguem, desenvolveram-se, lado a lado com as Teorias absolutas da política (...). O verdadeiro inimigo do absolutismo é a lei". [tradução livre]. Ver também POUND, Roscoe. "The place of the Judiciary in a democratic polity". *American Bar Association Journal*, nº 27, 1941. Sobre antecedentes, ver POSTELL, Joseph. Bureaucracy in America: the Administrative State's challenge to constitutional government. Columbia: University of Missouri Press, 2017.

citando o risco ou o fato de se ultrapassar quaisquer limites nesse caso.[41] Quase simultaneamente, mas com uma aceleração acentuada após a posse do governo Obama, um amplo movimento de estudos jurídicos libertários e conservadores apresentou uma crítica generalizada dos exercícios modernos do Poder Executivo. Os líderes do movimento se dedicaram a restaurar a "Constituição perdida" ou a "Constituição no exílio".[42] Eles começaram a sugerir que o Estado Administrativo, ou a presidência, ou o "Executivo" (vagamente definido) ameaçavam acumular uma força tirânica e ameaçar o próprio Estado de Direito.

No governo Trump, a suspeita do Poder Executivo foi em certo sentido bipartidária, embora os partidos tenham se concentrado em diferentes órgãos executivos. Os apoiadores do governo criticam o "Estado profundo", uma suposta rede de burocracias independentes *de facto* na aplicação da lei e de segurança nacional, que os apoiadores veem como uma forma ilícita de impedir o exercício válido de autoridade legal do governo. A chamada resistência ao governo elogia a obstrução burocrática e judicial das iniciativas das agências que desfazem as decisões do governo Obama ou que abrem novos caminhos que a resistência considera questionáveis.

Na academia jurídica, os céticos sobre o Estado Administrativo têm desenvolvido abordagens diferentes. O movimento *Constituição no exílio*, como tem sido corretamente denominado, chamou atenção para um conjunto supostamente perdido de compromissos constitucionais e pediu aos Tribunais que os devolvessem ao seu devido lugar. Foram publicados livros com títulos como *The once and future king: the rise of*

---

[41] Ver, e. g., STONE, Geoffrey R. "King George's Constitution". *University of Chicago Law School Faculty Blog*, December 20, 2005. Disponível em: https://uchicagolaw.typepad.com/faculty/2005/12/king_georges_co.html/. Acessado em: 21.10.2021.

[42] Ver, de forma geral, BARNETT, Randy E. *Restoring the lost Constitution*: the presumption of liberty. Princeton: Princeton University Press, 2013; ver, e.g., GINSBURG, Douglas H. "Delegation Running Riot". *Regulation*, pp. 83–84, 1995, revisando SCHOENBROD, David. *Power without responsibility*: how Congress abuses the people through delegation. New Haven: Yale University Press, 1995).

crown government in America e *Is Administrative Law unlawful?*.[43] Os autores argumentaram explicitamente que o Estado Administrativo recriou um tipo de prerrogativa Stuart, embora sob um disfarce leve. Ao mesmo tempo, o movimento legal conservador apresentou divisões nítidas, que também podiam ser encontradas em todos os partidos e compromissos ideológicos. Embora alguns conservadores demonstrassem apreensão a respeito do poder presidencial, outros se preocupavam com o crescente poder da burocracia administrativa, que era criticada pela insuficiência na prestação de contas de suas ações ao público, inclusive ao presidente. Alguns, por fim, demonstravam preocupação em relação a ambas as questões.

Essas duas preocupações às vezes permaneceram, e ainda permanecem, em tensão. De forma mais ampla, o movimento legal conservador contém tanto libertários quanto advogados do governo; os primeiros insistem na liberdade privada e na abolição de grandes burocracias, enquanto os últimos são, cronicamente, muito mais cautelosos e, portanto, ambivalentes em relação ao *New Coke* e sua suspeita sobre o Poder Executivo. Para este último, grandes burocracias podem ser toleráveis, desde que prestem contas ao presidente. No caso do *Free Enterprise Fund*, invalidando uma agência independente dentro de outra agência independente (a *Securities and Exchange Commission*), a opinião majoritária do presidente da Corte, Roberts, enfatizou a necessidade de o presidente ter amplo poder para controlar a burocracia.[44] A presidência forte é, no Direito Constitucional americano, talvez o principal obstáculo à burocracia.[45] O (suposto) quarto ramo sem cabeça floresce onde termina o controle presidencial. Até agora, talvez, tudo bem. Mas quem controla esse ramo? E se o presidente está no comando, quem controla o presidente?

---

[43] BUCKLEY, F. H. *The once and future king*: the rise of crown government in America. Nova York: Encounter Books, 2015; HAMBURGER, Philip. *Is Administrative Law unlawful?*. Chicago: The University of Chicago Press, 2014.

[44] *Free Enterprise Fund v. Public Company*, 561 U.S. 477 (2010).

[45] O argumento clássico para este efeito, no entanto, não é americano. Ver WEBER, Max. "The Reich President". *Social Research*, n° 53, 1986, pp. 128–132.

Dentro das Cortes

Nossa análise pretende ir além de qualquer período específico do Direito americano, mas é esclarecedor descobrir que, com respeito às questões do Poder Executivo, o Tribunal de Roberts tem sido repleto de tensões e conflitos. O registro desse Tribunal inclui uma decisão reafirmando ampla deferência à presidência em questões de imigração e segurança nacional, no caso *Trump v. Hawaii*.[46] Há também decisões sem precedentes rejeitando reivindicações do Poder Executivo, como nos casos *Boumediene v. Bush* e *Medellín v. Texas*.[47] Outra decisão sem precedentes rejeitando tais reivindicações, no caso *Department of Commerce v. New York*, envolve um "pretexto" para uma questão sobre nacionalidade no formulário do censo dos EUA.[48] E então há uma decisão sem precedentes que afirma as reivindicações constitucionais supremas do Poder Executivo, mesmo em face de legislação claramente contrária, no caso *Zivotofsky v. Clinton*.[49]

Na verdade, as tensões parecem residir não apenas entre os próprios juízes, mas também em suas próprias cabeças. Aleksandr Solzhenitsyn observou que "a linha que separa o bem do mal passa pelo coração de cada ser humano".[50] Algo análogo pode ser dito sobre o Poder Executivo; vários juízes emitiram opiniões que parecem estar em tensão com outras opiniões suas, ou podem até ser conflitantes internamente. Os casos mais óbvios são o do falecido juiz Antonin Scalia e o do presidente da Suprema Corte John Roberts, ambos os quais serviram no Executivo antes de ascenderem aos Tribunais.

Quanto ao juiz Scalia, seria improvável que um observador marciano adivinhasse que o mesmo juiz havia escrito uma afirmação notavelmente

---

[46] *Trump v. Hawaii*, 138 S. Ct. 2392 (2018).
[47] *Boumediene v. Bush*, 553 U.S. 723 (2008); *Medellín v. Texas*, 552 U.S. 491 (2008).
[48] *Department of Commerce v. New York*, 139 S. Ct. 2551 (2019).
[49] *Zivotofsky v. Clinton*, 132 S. Ct. 1421 (2012).
[50] SOLZHENITSYN, Aleksandr I. *The Gulag Archipelago*. vol. 1, Nova York: Basic Books, 1997, p. 131. [tradução livre].

CAPÍTULO I – O *NEW COKE*

ampla sobre a autoridade das agências para determinar os limites de sua própria jurisdição, no caso *City of Arlington v. FCC*, e também opiniões independentes e fervorosas que criticam a deferência judicial às interpretações das agências a respeito de seus próprios regulamentos, com o fundamento de que tal deferência torna as agências juízes em sua própria causa.[51] Quanto ao presidente da Suprema Corte, Roberts, o observador dificilmente adivinharia que o mesmo juiz foi o autor de um forte endosso do Executivo Unitário, no *Free Enterprise Fund*, apoiado nas virtudes da *accountability* política por meio do Executivo, e também tentou limitar o escopo da deferência a agências, incluindo agências do Poder Executivo.[52] Essa deferência foi frequentemente justificada tendo como referência a *accountability* política.[53] Essas posições podem ser reconciliáveis por vários motivos – não negamos essa possibilidade –, mas elas parecem animadas por preocupações bem diferentes.

Em meio ao turbilhão de precedentes, no entanto, uma tendência consistente tem sido o crescimento da retórica do *New Coke*, enfatizando a importância da *accountability* política e da liberdade individual e vendo o Estado Administrativo como um sério perigo para ambos.[54]

---

51 *City of Arlington v. Federal Communications Commission*, 569 U.S. 290 (2013). (SCALIA, J.). Para decisões críticas de deferência judicial às interpretações das agências, ver, e.g., *Talk America, Inc. v. Michigan Bell Telephone Co.*, 564 U.S. 50, 67-69 (2011). (SCALIA, J., concordando); *Decker v. Northwest Environmental Defense Center*, 568 U.S. 597, 617-618 (2013). (SCALIA, J., concordando em parte, discordando em parte).

52 *Free Enterprise Fund v. Public Company*, 561 U.S. 477,.., 494-495 (2010). (ROBERTS, J.); ver, e.g., *City of Arlington v. Federal Communications Commision*, 569 U.S. 290, 311 (2013). (ROBERTS, J., discordando); *Decker v. Northwest Environmental Defense Center*, 568 U.S. 616 (2013). (ROBERTS, J., concordando, expressando vontade de reconsiderar *Auer*).

53 Ver *Chevron U.S.A. v. Natural Resources Defense Council*, 467 U.S. 837, 865-866 (1984).

54 Muito incluindo retórica que valoriza explicitamente o próprio Coke. Ver, e.g., *Perez v. Mortgage Bankers Association*, 135 S. Ct. 1199, 1220 (2014). (THOMAS, J., concordando no julgamento); *Department of Transportation v. Association of American Railroads*, 135 S. Ct. 1225, 1243 (2014). (THOMAS, J., concordando no julgamento). Ironicamente, a formulação mais antiga de deferência judicial à interpretação executiva vem do mesmo juiz. "Diante de questões duvidosas, a interpretação é

Um lugar para começar, talvez surpreendente, mas claramente ligado ao surgimento do *New Coke*, é a Segunda Emenda. Um momento de reflexão sugere que isso não é surpreendente; a questão sobre a Segunda Emenda é essencialmente o escopo da autoridade reguladora do governo sobre artigos perigosos de tecnologia, um tipo de questão central para o desenvolvimento e operação cotidiana do Estado Administrativo.

No caso *District of Colúmbia v. Heller*, a maioria – em uma opinião escrita pelo juiz Scalia – fundamentou um direito individual de manter e portar armas para fins de autodefesa em uma justificativa mais ampla: prevenção da tirania executiva.[55] O espectro dos Stuarts foi invocado explicitamente.[56] Nas palavras da maioria,

> se (...) o direito da Segunda Emenda não é mais do que o direito de manter e usar armas como membro de um grupo organizado (...), ele não garante a existência de uma "milícia de cidadãos" como salvaguarda contra a tirania (...). Garante uma milícia selecionada do tipo que os reis Stuarts consideraram útil, mas não a milícia do povo que era a preocupação da geração fundadora.[57]

No entanto, o contexto de *Heller*, por mais importante e atraente que seja, era um tanto incomum e, na verdade, limitado. O caso envolvia um direito particular – o direito individual de portar armas – e esse mesmo direito estava, de acordo com o próprio Heller, sujeito a restrições "razoáveis".[58] Tribunais inferiores, em geral, se recusaram a expandir o direito até os limites de sua lógica.

---

sempre em benefício do Rei". (COKE, Sir Edward. House of Commons, 1628. *In*: TOMKINS, Adam. *Our Republican Constitution*. Portland: Hart Publishing, 2005, pp. 70/71, 74).

55 *District of Columbia et al. v. Heller*, 554 U.S. 570 (2008). (SCALIA, J.).
56 *District of Columbia et al. v. Heller*, 554 U.S. 570, 592 (2008). (SCALIA, J.).
57 *District of Columbia et al. v. Heller*, 554 U.S. 570, 600 (2008). (SCALIA, J.).
58 *District of Columbia et al. v. Heller*, 554 U.S. 570, 622 (2008). (SCALIA, J.).

CAPÍTULO I – O *NEW COKE*

Uma questão ainda maior, pairando em segundo plano, era se a prevenção da tirania seria invocada no estabelecimento de limitações legais ao Estado Administrativo. O juiz Scalia também foi um pioneiro nesse cenário. Em uma concordância amplamente discutida em *Decker*, na qual ele declarou que não mais permitiria às agências a deferência *Auer* na interpretação de seus próprios regulamentos, Scalia argumentou tendo como ponto de partida o risco de tirania. Uma agência "resolver ambiguidades em seus próprios regulamentos seria", ele escreveu,

> violar um princípio fundamental de separação de poderes – que o poder de escrever uma lei e o poder de interpretá-la não podem estar nas mesmas mãos. "Quando os Poderes Legislativo e Executivo se unem na mesma pessoa (...) não pode haver liberdade; porque podem surgir apreensões, para que o mesmo monarca ou Senado não promulgue leis tirânicas, para executá-las de maneira tirânica". Montesquieu, *Espírito das leis* (...). *Auer* é (...) uma permissão perigosa para a apropriação do poder.[59]

Essa retórica generalizada, enfatizando a ameaça à liberdade e a apropriação do poder, pode ser vista como uma ilustração icônica do *New Coke* em ação.

O risco de abuso do Executivo

O *New Coke* é obviamente movido pelo medo de abusos executivos. Um de nossos principais objetivos aqui é explorar como lidar com esse medo. Dissemos, no entanto, que aqueles que abraçam o *New Coke* focam de forma muito míope e seletiva em um conjunto de riscos, negligenciando o universo de riscos como um todo. Podemos fazer isso em termos estritamente jurídicos, focalizando os documentos jurídicos,

---

[59] *Decker v. Northwest Enviromental Defense Center*, 568 U.S. 597, 619-620 (2013). (SCALIA, J., concordando em parte, discordando em parte). [tradução livre].

ou mais pragmaticamente ou teoricamente, focalizando o conjunto de valores relevantes e a melhor forma de acomodá-los.

O APA

Lembrem-se do reconhecimento da Corte – nos casos *Wong Yang Sung* e *Vermont Yankee* – de que o *APA* era uma "fórmula sobre a qual forças (...) opositoras se apoiam".[60] Mas não era qualquer fórmula. Mais particularmente, o acordo do *APA* reflete um esforço particular para equilibrar uma gama de variáveis, incluindo estabilidade, restrições ao Poder Executivo, *accountability* e a necessidade de diligência e energia, para um governo vigoroso.[61] Para os teóricos e arquitetos do Estado Administrativo moderno, o poder privado, exercido por meio da delegação de poderes legais e direitos pela *common law* e pela ordem do mercado, era em si uma ameaça à liberdade individual.[62] Portanto, um governo vigoroso, controlando o abuso do poder corporativo e de outros poderes privados, era considerado tão indispensável para liberdade como foram as restrições ao abuso do Executivo.[63] Considere, por exemplo, a questão de saber se a *Social Security Administration*, o *National Labor Relations Board*, a *Securities and Exchange Commission* e a *Federal Trade Commission* são ameaças à liberdade ou indispensáveis a ela – questões sobre quais pessoas razoáveis diferem.

---

[60] *Perez v. Mortgage Bankers Association*, 135 S. Ct. 1199, 1207 (2015).

[61] Para uma declaração clássica, ver de forma geral LANDIS, James M. *The administrative process*. New Haven: Yale University Press, 1938.

[62] Ver HALE, Robert L. "Coercion and distribution in a supposedly non-coercive state". *Political Science Quarterly*, nº 38, 1923, p. 478. Ver, no geral, SUNSTEIN, Cass R. *The second bill of rights*: FDR's unfinished revolution and why we need it more than ever. Cambridge: Basic Books, 2006; ERNST, Daniel R. *Tocqueville's nightmare*: the Administrative State emerges in America, 1900–1940. Nova York: Oxford University Press, 2014.

[63] VERMEULE, Adrian. "Optimal abuse of power". *Northwestern University Law Review*, nº 109, 2015, pp. 678/679.

CAPÍTULO I – O *NEW COKE*

Um argumento particular, consideravelmente avançado no início do século XX e frequentemente desconsiderado hoje, era que o sistema de *common law*, incluindo o direito de propriedade e contrato, é em si um sistema regulatório, repleto de permissões e proibições. Se algumas pessoas têm muito e outras apenas pouco, dificilmente é porque a natureza assim o decretou, e tampouco por causa de realizações e fracassos puramente voluntários, por mais importantes que sejam. É por causa do que a lei escolheu reconhecer, proteger ou recompensar. Uma pessoa sem-teto, por exemplo, é privada de acesso a abrigo em virtude da lei de propriedade, que é enfaticamente coercitiva. Nessas circunstâncias, a criação de agências modernas, incluindo as que acabamos de mencionar, não impôs lei ou coerção onde a liberdade não regulamentada florescia anteriormente. Elas substituíram um sistema regulatório por outro. Na opinião de muitos defensores das agências administrativas, a questão era se a substituição aumentaria a liberdade ou o bem-estar, devidamente compreendidos, e não se a coerção apareceu repentinamente do nada.

O acordo do *APA* não refletiu de forma alguma uma vitória completa dos proponentes do *New Deal* e do governo vigoroso. Os defensores da liberdade privada, como a entendiam, eram muito importantes; eles desempenharam um papel importante no acordo. Mas o equilíbrio envolveu um reconhecimento nacional – proeminente na era do *New Deal* – dos múltiplos valores atendidos por agências administrativas modernas. Os oponentes do *New Deal* não ganharam, mesmo que também não tenham perdido.[64] No acordo do *APA*, o Congresso criou salvaguardas processuais para reduzir o risco de abusos do Executivo e também reconheceu e, de certa forma, fortaleceu o papel do Judiciário, acima de tudo com o teste da "prova substancial".[65] Mas essas salvaguardas também canalizam e capacitam a ação das agências.

---

[64] McCUBBINS, Matthew D.; NOLL, Roger; WEINGAST, Barry R. The political origins of the Administrative Procedure Act. *Journal of Law, Economics & Organization*, n° 15, p. 180, 1999, pp. 182–183.

[65] Ver *Universal Camera Corporation v. National Labor Relations Board*, 340 U.S. 474, 477–488 (1951).

O *APA* não abraça nada parecido com o *New Coke* – pelo contrário, abertamente se recusa a fazê-lo.[66]

Ninguém duvida que o *APA* deixa lacunas e ambiguidades e, de acordo com seus termos, os Tribunais podem avançar no sentido de fortalecer as restrições à ação executiva que consideram infringir a liberdade. Eles podem, por exemplo, insistir na interpretação judicial independente de leis e regulamentos (questões que abordaremos no capítulo 5). Mas eles não podem alegar que o *APA*, tomado como um todo, requer o tipo de papel esboçado pelo juiz Thomas e seus aliados ocasionais. Os *New Dealers* – vilões, de acordo com aqueles que abraçam o *New Coke* – estavam dispostos a aceitar o *APA* e passaram a abraçá-lo com certo entusiasmo. Levada a sério, a visão do *New Coke* se opõe à do *APA*. Ele classifica a acomodação do Estado Administrativo como fundamentalmente errada.

A Constituição

O que dizer da Constituição, a fonte supostamente autêntica do *New Coke*? Pensamos que, em termos gerais e nas avaliações pertinentes, o documento fundador é análogo ao *APA*. Também é um compromisso, um equilíbrio entre valores e pontos de vista concorrentes, incluindo a proteção da liberdade privada, e não fala obstinadamente em restringir o Executivo.[67] É claro que os criadores estavam intensamente preocupados com os perigos da criação de uma monarquia, e os antifederalistas contestaram vigorosamente o documento, em parte com o fundamento de que não havia neutralizado suficientemente esse perigo. Claro que a liberdade privada importava. Mas a geração fundadora também deplorou a ausência de poder executivo nos Artigos da Confederação. Em parte,

---

[66] SHEPHERD, George. "Fierce Compromise: the Administrative Procedure Act emerges from New Deal Politics". *Northwestern Law Review*, nº 90, 1996.

[67] Ver VERMEULE, Adrian. *Law's abnegation*: from law's empire to the Administrative State. Cambridge: Harvard University Press, 2016.

CAPÍTULO I – O *NEW COKE*

sob a influência de Alexander Hamilton, eles procuraram garantir um Poder Executivo coordenado, um que seria capaz de fazer as coisas.[68] Eles buscavam um grau de eficiência no governo e queriam criar uma estrutura que superasse a fraqueza e a paralisia que encontraram nos Artigos da Confederação.

Nas próprias palavras de Hamilton, "um Executivo fraco implica um exercício frágil de governo. Um exercício frágil de governo não é outra coisa que um mau exercício, e um governo mal exercido, seja ele o que for em teoria, é forçosamente, na prática, um mau governo".[69] Como disse Hamilton, "todo homem sensato concordará com a necessidade de um Executivo vigoroso", e assim a única questão é: "quais são os ingredientes que constituem esse vigor?".[70] Em seus termos, eles incluem "unidade; duração; condições adequadas de apoio e poderes adequados".[71]

Não afirmamos que as declarações abstratas de Hamilton podem resolver questões particulares. Elas não provam que o Congresso tem permissão para conceder autoridade ilimitada às agências executivas. Elas não provam que as doutrinas *Chevron* ou *Auer* estão corretas. Mas elas são significativas. No mínimo, levantam sérias dúvidas sobre o alegado *pedigree* constitucional do *New Coke* e sobre a visão de que a discricionariedade executiva, para a geração fundadora, era o mal constitucional central a ser evitado, uma represália ao legado monárquico.

---

[68] Ver PRAKASH, Saikrishna Bangalore. *Imperial from the beginning*: the constitution of the original Executive. New Haven: Yale University Press, 2015, pp. 12/13; BOURGIN, Frank. *The great challenge*: the myth of laissez-faire in the Early Republic. Nova York: George Braziller, 1989, pp. 54–56.

[69] HAMILTON, Alexander. "O federalista n. 70". *In*: MADISON, James; HAMILTON, Alexander; JAY, John. *Os Artigos Federalistas 1787-1788*. Rio de Janeiro: Nova Fronteira, 1991, p. 441.

[70] HAMILTON, Alexander. "O federalista n. 70". *In*: MADISON, James; HAMILTON, Alexander; JAY, John. *Os Artigos Federalistas 1787-1788*. Rio de Janeiro: Nova Fronteira, 1991, p. 441.

[71] HAMILTON, Alexander. "O federalista n. 70". *In*: MADISON, James; HAMILTON, Alexander; JAY, John. *Os Artigos Federalistas 1787-1788*. Rio de Janeiro: Nova Fronteira, 1991, p. 441.

Surpreendentemente para alguns, Madison concordou enfaticamente. No artigo "O federalista n. 41", Madison ofereceu uma visão geral da necessidade de um governo nacional robusto e rejeitou o pensamento – difundido na literatura do *New Coke* – de que o risco de abuso é, por si só, razão suficiente para limitar o poder do governo:

> Aos que ouviram com imparcialidade os argumentos apresentados contra os amplos poderes do governo, não terá escapado que seus autores consideraram muito pouco em que medida esses poderes seriam meios necessários para a consecução de um fim necessário. Preferiram insistir nos inconvenientes que se combinam inevitavelmente a todo ganho político e nos possíveis abusos a que podem dar lugar todo poder ou responsabilidade passíveis de um uso proveitoso (...). As pessoas ponderadas e imparciais, porém, irão pensar de imediato que até as mais puras bênçãos humanas contêm em si uma parcela de imperfeição; que as escolhas devem ser feitas, se não do mal menor, ao menos — não do bem perfeito — do bem maior; e que, em toda instituição política, o poder de propiciar a felicidade pública envolve um arbítrio sujeito a má aplicação ou abuso. Elas verão, portanto, que sempre que se trata de atribuir poder, o primeiro ponto a decidir é a necessidade de tal poder para o bem público, assim como o ponto seguinte será, em caso de decisão positiva, evitar da maneira mais efetiva uma possível perversão desse poder em detrimento do povo.[72]

De fato, Madison está falando aqui do poder do governo federal como um todo, e não do Poder Executivo em particular. No entanto, também é verdade que Madison, como Hamilton, pensava que as limitações excessivas do Poder Executivo poderiam ser efetivamente perversas e contraproducentes. Em um nível mais geral, em qualquer caso, Madison está aqui diagnosticando um modo falacioso de raciocínio

---

[72] MADISON, James. "O federalista n. 41". *In*: MADISON, James; HAMILTON, Alexander; JAY, John. *Os Artigos Federalistas 1787-1788*. Rio de Janeiro: Nova Fronteira, 1991, p. 291.

CAPÍTULO I – O NEW COKE

que aflige os críticos do Poder Executivo do *New Coke* da mesma forma, *mutatis mutandis*, que afligia os antifederalistas.

O problema está na atenção seletiva a certos riscos – riscos da ação do governo (federal) em oposição à inação; riscos decorrentes das funções de governo em oposição a governos disfuncionais, como o regime dos Artigos da Confederação e riscos gerados por novos poderes em oposição aos riscos decorrentes de antigos poderes que os novos poderes poderiam ser usados para combater. A atenção seletiva desse tipo produz apelos equivocados para eliminar ou restringir drasticamente poderes cuja existência seria benéfica, se considerados como um todo, e que poderiam ser combinados com salvaguardas procedimentais adequadas. Aqui está um diagnóstico perfeito das falácias do *New Coke*, especialmente na medida em que considera inadequados os princípios procedimentais inerentes ao esquema do *APA* e à evolução do Direito Administrativo americano.

No nível da prática, a existência de amplas concessões de discricionariedade ao Executivo nos primeiros dias da República atesta a visão ampla da geração fundadora.[73] O mesmo ocorre com uma ampla gama de práticas no período inicial, que reconhecem a importância e as vantagens da autoridade executiva para promover o bem-estar geral.[74] Aqueles que pensam que a Constituição é inconsistente com o Estado Administrativo moderno ainda têm que enfrentar adequadamente os materiais históricos, elaborados em grande detalhe por Jerry Mashaw.[75]

---

[73] Ver POSNER, Eric A.; VERMEULE, Adrian. "Interring the Nondelegation doctrine". *University of Chicago Law Review*, n° 69, 2002, p. 1733.

[74] Ver MASHAW, Jerry L. *Creating the administrative constitution:* the lost one hundred years of American Administrative Law. New Haven: Yale University Press, 2012, p. 53.

[75] Ver MASHAW, Jerry L. *Creating the administrative constitution:* the lost one hundred years of American Administrative Law. New Haven: Yale University Press, 2012, p. 29.. A coisa mais próxima de uma resposta é POSTELL, Joseph. *Bureaucracy in America:* the Administrative State's challenge to constitutional government. Columbia: University of Missouri Press, 2017.Uma resposta à elaborada discussão de Postell por si só exigiria uma elaborada discussão, e nosso objetivo não é repassar o entendimento original em detalhes. Muito resumidamente: acreditamos

Entre outras coisas, é difícil encontrar – na Convenção Constitucional, nos debates de ratificação ou nas primeiras décadas do século XIX – algo parecido a um amplo apoio para a doutrina da não delegação, como seus defensores contemporâneos a entendem.[76] A maioria dos motivos alegados consiste em passagens abstratas sobre a separação de poderes (que ninguém contesta) e a necessidade particular de separar os Poderes Legislativo e Executivo (que ninguém contesta), em vez de reivindicações particulares de que o Congresso não tem autoridade constitucional para conceder autoridade discricionária ao Executivo.

Nas questões mais amplas, o acordo constitucional não pode ser facilmente interpretado como favorável ao *New Coke*. É por isso que sugerimos que aqueles que invocam o documento de fundação como base para ataques em grande escala a agências administrativas estão falando menos pela história e pelo entendimento original do que pelas visões e convicções do início do século XXI.[77] Apesar das referências frequentes ao período da fundação, suas preocupações soam menos

---

que em questões específicas, Postell tira inferências extravagantes de declarações e eventos ambíguos. No final, as discussões durante a Convenção Constitucional foram surpreendentemente obscuras sobre a natureza e a extensão da doutrina da não delegação, mesmo que tenham mostrado uma insistência na necessidade de separar os Poderes Legislativo e Executivo. Um problema conceitual aqui é que a separação do Poder Legislativo e Executivo, sem mais, de forma alguma implica a doutrina da não delegação. Práticas importantes dos primeiros congressos, muitas vezes limitando a autoridade executiva, dificilmente demonstram que tais limitações foram consideradas constitucionalmente obrigadas.

[76] MORTENSON, Julian Davis; BAGLEY, Nicholas. "Delegation at the founding". *Columbia Law Review*, nº 121, 2021. Disponível em: https://papers.ssrn.com/sol3/papers.cfm?abstract_id=3512154. Acessado em: 20.10.2021.

[77] Em nossa opinião, a expansão do poder do governo nacional é o principal desenvolvimento inesperado. O crescimento do Estado Administrativo deve ser considerado imprevisto apenas na medida em que reflita essa expansão – mas não na medida em que as agências exerçam arbítrio ou tenham autoridade interpretativa e normativa "vinculante". Reconhecemos que não podemos defender essa visão polêmica neste breve espaço, nem precisamos fazê-lo; como sempre, nosso objetivo não é reformular visões conflitantes das questões jurídicas de primeira ordem sobre o Estado Administrativo.

CAPÍTULO I – O *NEW COKE*

originalistas do que de movimentos sociais atuais e do constitucionalismo do *common law*.

Dizer isso não quer dizer que as palavras do documento fundador excluem o *New Coke*, ou mesmo que debates importantes durante a Convenção Constitucional e a ratificação não pudessem ser reunidos em seu nome. Embora não estejamos de acordo com esta interpretação, uma versão ampliada da doutrina da não delegação não seria obviamente inconsistente com o texto do próprio documento. Embora não estejamos de acordo com ela, a desaprovação do juiz Thomas dos regulamentos vinculativos não é um entendimento textualmente ininteligível do artigo I tomado isoladamente, por si só. Embora não seja nosso entendimento, princípios básicos, envolvendo a separação de poderes, foram invocados de boa fé e com uma face direta para desafiar as doutrinas *Chevron* e *Auer*.[78] (Tratamos dessas questões no capítulo 5). Não rejeitamos a alegação de que, isoladamente, o texto constitucional poderia ser interpretado como um apelo por restrições à autoridade executiva, tal como faz o *New Coke*.

Na medida em que a Constituição deixa lacunas ou ambiguidades, e na medida em que os materiais jurídicos relevantes permitem, os juízes devem aceitar o *New Coke*, ou pelo menos tomar medidas em sua direção? Se um novo trabalho histórico acabar descobrindo um apoio originalista inesperadamente forte para o *New Coke*, os juízes devem aceitá-lo? Nós não pensamos assim. Práticas assentadas, um

---

[78] Um de nós uma vez fez exatamente isso. Ver SUNSTEIN, Cass R. "Constitutionalism after the New Deal". *Harvard Law Review*, n° 101, 1987, p. 467. "*Chevron* sugere que os administradores devem decidir o escopo de sua própria autoridade. Essa noção contradiz categoricamente os princípios de separação de poderes que datam de *Marbury v. Madison* e do artigo 'O federalista n. 78'. O caso de controle judicial (*judicial review*) depende em parte da proposição de que as raposas não devem guardar galinheiros – uma liminar para a qual *Chevron* parece surda. Seria muito peculiar argumentar que as interpretações do Congresso ou do estado das disposições constitucionais devem ser aceitas sempre que houver ambiguidade em texto constitucional; tal visão iria causar estragos no Direito Constitucional existente. Aqueles limitados por uma disposição não devem determinar a natureza dessa mesma limitação". [tradução livre]. (Oh, a loucura da juventude).

produto de necessidades sentidas por um período de muitas décadas, têm sua relevância. Restrições e invalidações têm custos, incluindo custos democráticos, e podem até mesmo colocar a liberdade em risco, seja como for entendida. O problema torna-se muito mais grave se as restrições ao arbítrio executivo aumentam, na prática, o arbítrio judicial, permitindo que os valores políticos dos juízes desempenhem um papel significativo, como James Landis e outros argumentaram – uma mudança que deveria ser especialmente indesejável quando a *expertise* tecnocrática e a *accountability* política têm um peso significativo. Uma consequência irônica do *New Coke* seria produzir mudanças desse tipo em grande escala, e em alguns contextos singularmente indesejáveis.[79]

É claro que algumas pessoas estão profundamente comprometidas com o *New Coke* e com um ataque constitucional indiscriminado ao Estado Administrativo. Não temos a ilusão de que os argumentos deste capítulo serão suficientes para dissipar esse compromisso. Lembrem-se de que nosso objetivo maior é sugerir que pessoas de convicções díspares, com visões diferentes em um primeiro momento, podem estar dispostas a convergir para uma abordagem distinta, pelo menos como uma segunda opção interessante. Voltamo-nos agora para esse objetivo.

---

[79] LANDIS, James M. "Administrative policies and the courts". *Yale Law Journal*, nº 47, 1938, p. 528. Ver também MILES, Thomas J.; SUNSTEIN, Cass R. "Do judges make regulatory policy? An empirical investigation of Chevron". *University of Chicago Law Review*, n 73º, 2006, p. 841. Observem que a descoberta nesse ensaio é que as preferências políticas desempenham um papel na era pós-caso *Chevron*; sem *Chevron*, o papel dessas preferências seria, sem dúvida, ampliado.

CAPÍTULO II
A MORALIDADE DO DIREITO: REGRAS E DISCRICIONARIEDADE

Nossa proposta de abordagem centra-se em um conjunto de princípios procedimentais para fazer um Direito Administrativo genuíno (desde que as condições mínimas sejam atendidas) e talvez até mesmo um Direito Administrativo atraente e bem-sucedido (se mais condições aspiracionais forem atendidas). E, embora tenhamos nos concentrado nos céticos sobre o Direito Administrativo contemporâneo e na melhor forma de acomodar suas preocupações, a abordagem também se destina a tratar dos entusiastas sobre do Estado Administrativo – do passado, presente e futuro – e esboçar princípios que ajudem o Estado Administrativo a tornar-se plenamente eficaz, por meio de procedimentos que canalizem a ação das agências. Os princípios que discutiremos, em outras palavras, não devem ser entendidos apenas como restrições. Em vez disso, sugeriremos que, em sua forma mais mínima, eles também são pré-condições para a eficácia do Direito Administrativo como Direito e, em uma forma mais ambiciosa, são ideais reguladores do Direito Administrativo, mesmo que *trade-offs* complexos sejam sempre necessários.

Os princípios subjacentes, como dissemos, em muitos casos não estão diretamente enraizados na linguagem expressa de controle de textos legais, como a Constituição, o *Administrative Procedure Act (APA)* ou leis orgânicas federais relevantes que especificam a autoridade das agências – embora, como nós também veremos, os juízes são frequentemente tentados a ler esses princípios em tais textos, onde uma linguagem vaga ou aberta permite. Em vez disso, esses princípios seguem uma espécie de lógica natural para a criação do Direito (real) que serve ao bem comum, incluindo enfaticamente o Direito Administrativo. Argumentamos ao longo do tempo que os juízes criaram, em parte intuitivamente, um corpo de doutrina sobre o controle judicial (*judicial review*) da ação das agências que se baseia fortemente nesses princípios.

Nossa abordagem dá sentido à doutrina atual; isso se encaixa com o que os Tribunais realmente têm feito e também permite analisar suas decisões sob uma perspectiva mais interessante.[80] Também tem um grau de crítica em muitos países, incluindo os Estados Unidos, na medida em que a lei atual não acompanha perfeitamente as implicações de nossa abordagem. A promessa do Estado de Direito, como a entendemos aqui, permanece imperfeitamente cumprida.

Direito e moralidade

O Direito é moral? Se o Direito é imoral, ou suficientemente imoral, não é, portanto, Direito?

Algumas pessoas pensam que a segunda pergunta é tola, e que é tão possível quanto importante separar as reivindicações sobre o que é o Direito das reivindicações sobre a moralidade do Direito.[81] Mas outras, principalmente Ronald Dworkin, afirmam que para os juízes não pode haver tal separação, porque os julgamentos sobre o conteúdo do Direito

---

[80] Ver DWORKIN, Ronald. *O império do Direito*. Trad. Jefferson Luiz Camargo. São Paulo: Martins Fontes, 1999.

[81] Existem muitas versões dessa visão. O mais influente é HART, Herbert Lionel Adolphus. *O conceito de Direito*. Trad. A. Ribeiro Mendes. 3ª ed. Lisboa: Fundação Calouste Gulbenkian, 2001. Ver, e.g., pp. 5–8.

CAPÍTULO II – A MORALIDADE DO DIREITO: REGRAS...

dependem de julgamentos morais, pelo menos em casos difíceis.[82] Lon Fuller oferece um argumento diferente, mas relacionado, com base no que ele viu como as pré-condições processuais para cumprir as tarefas do Direito.[83] Em sua opinião, o Direito tem uma moralidade interna, incluindo tanto uma moralidade mínima do dever quanto uma moralidade mais elevada de aspiração.[84] Se um suposto sistema jurídico viola a moralidade interna do dever, afundando abaixo até mesmo de um limite mínimo, ele não é um "sistema jurídico de forma alguma, exceto talvez no sentido pickwickiano, no qual um contrato nulo ainda pode ser considerado um tipo de contrato".[85] Ao fazer essa acusação, Fuller bem poderia ter o nazismo em mente. Em sua opinião, alguns supostos sistemas jurídicos não são sistemas jurídicos de forma alguma.

Mas em que consiste exatamente a moralidade interna do Direito? Em sua apresentação mais clara, catalogando as várias falhas de um suposto legislador chamado Rex, Fuller especifica oito maneiras "pelas quais a tentativa de criar e manter um sistema de regras legais pode fracassar".[86] São elas:

(1) uma falha em estabelecer regras em primeiro lugar, endossando que todas as questões sejam decididas caso a caso;

(2) uma falta de transparência, no sentido de que as partes afetadas não são informadas das regras que devem cumprir;

---

[82] DWORKIN, Ronald. *O império do Direito*. Trad. Jefferson Luiz Camargo. São Paulo: Martins Fontes, 1999, pp. 5–10.
[83] Ver FULLER, Lon L. *The morality of law*. Revised edition, New Haven: Yale University Press, 1969.
[84] FULLER, Lon L. *The morality of law*. Revised edition, New Haven: Yale University Press, 1969, pp. 4-6 e 42.
[85] FULLER, Lon L. *The morality of law*. Revised edition, New Haven: Yale University Press, 1969, p. 39. [tradução livre].
[86] FULLER, Lon L. *The morality of law*. Revised edition, New Haven: Yale University Press, 1969, pp. 38/39. [tradução livre].

(3) um abuso de retroatividade, no sentido de que as pessoas não podem confiar nas regras atuais e estão sob ameaça de mudança;

(4) uma falha em tornar as regras compreensíveis;

(5) emissão de regras que se contradizem;

(6) regras que exigem que as pessoas façam coisas para as quais não têm o poder de fazer;

(7) mudanças frequentes nas regras, de modo que as pessoas não possam orientar sua ação de acordo com elas; e

(8) certa incompatibilidade entre as regras tal como são anunciadas e as regras tal como são administradas.[87]

Em cada um desses casos, há uma violação da moralidade mínima do dever. Ao produzir essas falhas e abusos, o infeliz *Rex* "nunca produziu nenhum" Direito[88] (observe que uma nação democrática ou não democrática pode violar a moralidade do Direito e que uma nação democrática ou não democrática pode cumprir a moralidade do Direito. Afinal, o Rex de Fuller era um rei). Como Fuller as descreve, algumas dessas formas de "aborto espontâneo" são extremas, algo saído de um pesadelo. Decidir cada questão "caso a caso", sem restrições impostas por algum tipo de regras, é altamente incomum, até porque normalmente tais regras operam como pano de fundo. "Uma falha em tornar as regras compreensíveis", no sentido de que as pessoas sejam incapazes de saber o que as regras significam, não é algo fácil de se fazer, desde que os funcionários escrevam em uma linguagem reconhecível com a intenção de se comunicar.

---

[87] FULLER, Lon L. *The morality of law*. Revised edition, New Haven: Yale University Press, 1969, p. 39. [tradução livre].

[88] FULLER, Lon L. *The morality of law*. Revised edition, New Haven: Yale University Press, 1969, p. 41. [tradução livre].

CAPÍTULO II – A MORALIDADE DO DIREITO: REGRAS...

Mas para os cidadãos das nações modernas, democráticas ou não, algumas das falhas de Fuller são perfeitamente reconhecíveis. Muitas pessoas acreditam, por exemplo, que as agências muitas vezes deixam de elaborar regras e, em vez disso, agem caso a caso.[89] Elas objetam que essa falha impede o planejamento e estimulam a imprevisibilidade. Em outro ponto de vista, algumas agências realmente exigem que as pessoas façam coisas que elas não podem fazer.[90] Em outro, ainda, algumas (muitas!) agências não conseguem tornar suas regras e práticas suficientemente compreensíveis, produzindo jogos de adivinhação e uma confusão intolerável.

Qual é a utilidade desses princípios para pensar sobre o Estado Administrativo e o Direito Administrativo? Nossos objetivos principais aqui não são de forma alguma jurisprudenciais. H. L. A. Hart fez a famosa objeção à afirmação de Fuller sobre o que um sistema jurídico deve ser para ser um sistema jurídico.[91] Não queremos tomar uma posição sobre o debate subjacente. Na verdade, não temos certeza de que ele seja particularmente interessante. É certamente inteligível insistir que um sistema que não está em conformidade com o Estado de Direito, como Fuller o entende, não é – no extremo – um sistema jurídico de forma alguma. Para chegar a um acordo com essa afirmação, seria necessário definir "um sistema de direito" e, em nossa opinião, debates desse tipo são amplamente semânticos e de pouca utilidade. Estejamos ou não corretos nesse ponto, invocamos a ideia fulleriana do Estado de Direito como uma forma de entender a maneira pela qual um sistema de Direito

---

[89] Ver DAVIS, Kenneth Culp. *Discretionary justice*: a preliminary inquiry. Baton Rouge: Louisiana State University Press, 1969.

[90] Ver BARDACH, Eugene; KAGAN, Robert. *Going by the book*: the problem of regulatory unreasonableness. Abingdon: Routledge, 2002.

[91] Fuller participou de debates outrora famosos com o Professor Herbert Lionel Adolphus Hart sobre a relação entre o Direito e a moralidade. Para a opinião de Hart, ver HART, Herbert Lionel Adolphus. "Positivism and the separation of law and morals". *Harvard Law Review*, n° 71, 1958; para a resposta de Fuller, ver FULLER, Lon L. "Positivism and fidelity to law: a reply to Professor Hart". *Harvard Law Review*, n° 71, 1958. Para os presentes fins, estamos colocando as questões jurisprudenciais entre parênteses (e nem apoiando, nem rejeitando as alegações de Hart sobre a separação da lei e da moralidade).

Administrativo pode funcionar apropriadamente como Direito, e não para fazer reivindicações jurisprudenciais contenciosas.[92]

Em vez de fazer jurisprudência, pretendemos reorientar a moralidade do Direito, aproximando-a de debates consagrados no Direito Administrativo, onde, pensamos, ela é mais pertinente.[93] Nossa maior sugestão é que uma compreensão da moralidade do Direito Administrativo ajuda a unificar uma gama díspar de doutrinas feitas por juízes, e talvez até mesmo o campo como um todo.

Também afirmamos que uma compreensão da moralidade interna do Direito traz à tona o que há de melhor nas críticas contemporâneas ao Estado Administrativo e aponta o caminho para uma espécie de macro-acordo que, como explicado anteriormente, permitiria que chegassem ao fim as "contendas prolongadas e severamente disputadas", conforme os princípios fundamentais do constitucionalismo administrativo de pequena escala estabelecidos no caso *Wong Yang Sung* e *Vermont Yankee*. Como

---

[92] Para um breve relato excelente do Estado de Direito consistente com nossos objetivos aqui, com o qual aprendemos muito, ver TASIOULAS, John. "The rule of law". In: TASIOULAS, John (Coord.). *The Cambridge companion to the philosophy of law*. Cambridge: Cambridge University Press, 2019. Para um excelente relato da relação de Fuller com a jurisprudência, ver MURPHY, Colleen M. "Lon Fuller and the moral value of the rule of law". *Law & Philosophy*, n° 24, 2005.

[93] Outros já fizeram isso brevemente, ver, e.g., STACK, Kevin M. "An administrative jurisprudence: the rule of law in the Administrative State". *Columbia Law Review*, n° 115, 2015, pp. 2002–2009; RUBIN, Edward L. "Law and legislation in the Administrative State". *Columbia Law Review*, n° 89, 1989, pp. 397–408, ou, de forma tangencial, ao mesmo tempo em que busca questões mais puramente constitucionais ou jurisprudenciais, ver, e.g., ALLISON, J. W. F. "The limits of adversarial adjudication". In: *A continental distinction in the common law*. Oxford: Oxford University Press, 2000, p. 190; DAVIDSON, Nestor M. et al. "Regleprudence". *Georgetown Law Journal*, n° 103, 2015; DYZENHAUS, David. *The constitution of law: legality in a time of emergency*. Cambridge: Cambridge University Press, 2006; DYZENHAUS, David. "Positivism and the Pesky Sovereign". *European Journal of International Law*, n° 22, 2011, pp. 367–369. Particularmente útil aqui é a explicação de Dyzenhaus dos princípios fullerianos como constitutivos de uma versão "densa" do Estado de Direito. É importante enfatizar que nosso foco está na moralidade do Direito Administrativo, informado por Fuller, e que não pretendemos oferecer nada como uma exegese completa do pensamento de Fuller, que é complexo em algumas das questões que exploramos.

CAPÍTULO II – A MORALIDADE DO DIREITO: REGRAS...

vimos no capítulo 1, as preocupações com o exercício da autoridade discricionária por burocratas atingiram alto nível de intensidade, uma espécie de febre – ao menos entre observadores acadêmicos.[94] Ocasionalmente, os juízes compartilham dessas preocupações. Algumas versões dessa preocupação se baseiam em novas teorias constitucionais, muitas vezes enraizadas em entendimentos controversos dos artigos I, II e III.

Sugerimos que, compreendidos com mais simpatia, os críticos falam em nome da moralidade interna do Direito. Tal como nós os compreendemos, eles estão procurando evitar uma falha do sistema jurídico, garantindo que o Estado Administrativo respeite essa moralidade interna, pelo menos como uma questão de aspiração. Na perspectiva deles, as agências frequentemente violam essa moralidade.

Não afirmamos que os críticos aceitarão esse entendimento de suas objeções. Seus argumentos vão muito além de Fuller, na medida em que sugerem (por exemplo) que, de acordo com a Constituição, o Congresso deve restringir drasticamente a discricionariedade das agências ou que as agências não podem emitir regras vinculativas. Mas na medida em que os críticos estão preocupados com o Estado de Direito e com os riscos da discricionariedade não estruturada, a moralidade interna do Direito, aplicada ao Estado Administrativo, captura algumas

---

[94] Ver, e.g., CANDEUB, D. A. "Tyranny and Administrative Law". *Arizona Law Review*, nº 59, 2017; HAMBURGER, Philip. *Is Administrative Law unlawful?*. Chicago: The University of Chicago Press, 2014; SCHOENBROD, David. *Power without responsibility*: how Congress abuses the people through delegation. New Haven: Yale University Press, 1993; EPSTEIN, Richard A. "The perilous position of the rule of law and the Administrative State". *Harvard Journal of Law & Public Policy*, nº 36, 2013; ALEXANDER, Larry; PRAKASH, Saikrishna. "Delegation Really Running Riot". *Virginia Law Review*, nº 93, 2013, p. 1036. "Observadores experientes do Estado Administrativo reconhecem que, à medida que o público exigia mais regulamentação federal, o Congresso respondeu criando legislaturas 'juniores de colégio' em todo o governo federal. O resultado é um *Code of Federal Regulations* de cinquenta volumes que supera o texto estatutário encontrado no Código dos EUA. A chamada doutrina da não delegação, uma doutrina judicial que sustenta formalmente que o Congresso não pode delegar seus poderes legislativos, é mais apropriadamente denominada de uma não doutrina de delegação". [tradução livre].

de suas preocupações mais importantes. Se a moralidade interna do Direito não apela para o uso da artilharia constitucional mais pesada (como a invalidação de uma concessão de autoridade discricionária por motivos da não delegação, ver capítulo 5), pelo menos ela garantiria que o comportamento das agências fossem infundidos e estruturados por uma concepção de Estado de Direito, aquela que canaliza e molda o arbítrio das agências de maneiras que as tornam tanto eficaz quanto eficaz *como lei*, em vez de como comando arbitrário.[95]

Como tentaremos mostrar, um número surpreendentemente grande de princípios doutrinários, pequenos e grandes, pode ser entendido como saindo dessa abordagem. Quer tenham ou não fundamentos positivos claros, esses princípios doutrinários evidentemente têm um apelo amplo. Nas próximas décadas, muitos deles poderão ser elaborados ou ampliados.

Regras e o Estado de Direito

Começamos com uma investigação de doutrinas feitas por juízes que respondem diretamente ao que Fuller vê como a "primeira" e

---

[95] Em um artigo fascinante, Nicholas Bagley critica o procedimentalismo do Direito Administrativo em termos bastante gerais como uma coleção de restrições que, de forma não neutra, tendem a dificultar a realização dos objetivos substantivos do Estado Administrativo. "Uma visão positiva do Estado Administrativo – aquele em que sua legitimidade é medida não pelo rigor das restrições sob as quais ele trabalha, mas por quão bem ele avança nossos objetivos coletivos – foi posta de lado". BAGLEY, Nicholas. "The procedure fetish". *Michigan Law Review*, nº 118, 2019, p. 350. [tradução livre]. Somos profundamente solidários com essa visão, tendo nós mesmos criticado o "Direito Administrativo libertário". Ver SUNSTEIN, Cass R.; VERMEULE, Adrian. "Libertarian Administrative Law". *University of Chicago Law Review*, nº 82, 2015. Bagley tende a ignorar, no entanto, que os procedimentos de Direito Administrativo não devem ser apenas ou talvez mesmo principalmente vistos como restrições. Em vez disso, como enfatizamos aqui, tais procedimentos também desempenham funções constitutivas e de empoderamento, ajudando os órgãos administrativos a agir por meio da lei de maneiras que tornam o Estado Administrativo mais eficaz do que poderia ser.

CAPÍTULO II – A MORALIDADE DO DIREITO: REGRAS...

"óbvia" forma de produzir algo diferente de um sistema jurídico: uma "falha em desenvolver quaisquer regras significativas".[96] Nesse contexto, Fuller fez referência explícita à nossa preocupação aqui, insistindo que "talvez a falha mais notável em definir as regras gerais tenha sido a de algumas de nossas agências reguladoras".[97] Fuller argumentou que as agências podem ter agido "na crença de que, procedendo primeiro caso a caso, elas gradualmente obteriam um *insight* que as capacitaria a desenvolver padrões gerais de decisão".[98] Mas para algumas agências, "essa esperança foi quase completamente frustrada".[99]

Fuller atribuiu essa falha ao esforço das agências em usar a adjudicação para desenvolver padrões gerais, um esforço que ele pensava que não teria sucesso.[100] Seja como for, ele lamentou que algumas agências "não conseguiram desenvolver quaisquer regras significativas".[101] Ele afirmou que "deve haver regras de algum tipo, por mais justas ou injustas que sejam".[102] Como veremos, muitos juízes concordam com essa conclusão e com a importantíssima palavra "deve". Começamos com velhas doutrinas e terminamos com as mais novas.

---

[96] FULLER, Lon. *The morality of law*. New Haven: Yale University Press, 1962, pp. 46–47. [tradução livre].

[97] FULLER, Lon. *The morality of law*. New Haven: Yale University Press, 1962, p. 46. [tradução livre].

[98] FULLER, Lon. *The morality of law*. New Haven: Yale University Press, 1962, p. 46. [tradução livre].

[99] FULLER, Lon. *The morality of law*. New Haven: Yale University Press, 1962, p. 46. [tradução livre].

[100] Ver FULLER, Lon. *The morality of law*. New Haven: Yale University Press, 1962, p. 46. [tradução livre]; ver também *Allentown Mack Sales and Services, Inc. v. National Labor Relations Board*, 522 U.S. 359 (1998), que envolveu um esforço de uma agência adjudicante para estabelecer e aplicar regras, embora, conforme discutido abaixo, a Suprema Corte tenha encontrado um tipo de violação de Fuller no caso particular.

[101] FULLER, Lon. *The morality of law*. New Haven: Yale University Press, 1962, pp. 46-47.

[102] FULLER, Lon. *The morality of law*. New Haven: Yale University Press, 1962, pp. 46 -47.

1. Administração sem regras. Para algumas pessoas, claro, é inteiramente evidente que as agências devem ser governadas por regras. O artigo I, seção 1, da Constituição atribui todo o Poder Legislativo ao Congresso e, de acordo com essa visão, a concessão de autoridade aberta e livre de regras é uma violação dessa disposição. Sempre que o Congresso concede autoridade às agências, ele deve restringir sua discricionariedade. A Suprema Corte dos Estados Unidos nominalmente concorda com esse princípio, na medida em que afirma que qualquer concessão de autoridade deve ser acompanhada por um "princípio inteligível".[103] Mas, mesmo ao reiterar esse princípio, a Corte tem repetidamente encontrado amplas concessões de autoridade que evidentemente falham em criar regras, sendo, portanto, incapazes de satisfazer essa necessidade.[104]

Exploraremos a doutrina da não delegação com certo detalhamento no capítulo 5. Observe-se, por enquanto, que ela está enraizada na ideia de que o Congresso, com sua forma característica de *accountability*, deve exercer sua autoridade constitucional para legislar, o que exige limites à discricionariedade daqueles que exercem o Poder Executivo.[105] Mas, ao apresentar argumentos com fortes ressonâncias fullerianas, muitos defensores da doutrina da não delegação enfatizam o que consideram sua conexão íntima com o Estado de Direito.[106] Em sua opinião, a doutrina proíbe situações em que as pessoas não têm condições de saber o que é a lei e as agências podem agir da maneira que desejarem. De certa forma, a doutrina da não delegação pode ser vista como uma rota secreta para evitar a primeira falha de Fuller. A relutância dos Tribunais em fazer cumprir a doutrina da não delegação

---

[103] *Whitman v. American Trucking Associations,* 531 U.S. 457, 472 (2001), citando *Hampton Co. v. United States,* 276 U.S. 394, 409 (1928).

[104] *Whitman v. American Trucking Associations,* 531 U.S. 457, 474 (2001).

[105] Para um argumento de que o Congresso faz exatamente isso quando concede discricionariedade, ver POSNER, Eric A.; VERMEULE, Adrian. "Interring the Nondelegation doctrine". *University of Chicago Law Review,* n° 69, 2002, p. 1723.

[106] Ver, e.g., *Industrial Union Department v. American Petroleum Institute,* 448 U.S. 607, 685-686 (1980). (REHNQUIST, J., concordando).

CAPÍTULO II – A MORALIDADE DO DIREITO: REGRAS...

é, nessa visão, uma catástrofe do ponto de vista dos valores do Estado de Direito e da moralidade interna do Direito.

Desse ponto de vista, o *APA* não parece oferecer muita ajuda. Na verdade, parece autorizar as agências a evitarem as regras e a procederem de forma *ad hoc*, se é isso o que desejam fazer. Nas primeiras décadas do Estado Administrativo moderno, as agências normalmente procediam não por meio de regras, mas por meio de adjudicações caso a caso, que é exatamente o que Fuller abominava. Por exemplo, a *Securities and Exchange Commission*, a *Federal Trade Commission* e o *National Labor Relations Board* não fizeram basicamente nenhuma regulamentação; eles desenvolveram políticas confrontando-se com casos particulares. Com certeza, muitas vezes acontece que os julgamentos da agência em tais casos, não menos do que os julgamentos judiciais, criarão um regime de regras. Mas, na época, era comum objetar que as agências haviam fracassado na criação de um regime desse tipo, resultando em um sério problema para o Estado de Direito.[107]

Nenhuma disposição do *APA* aborda diretamente o problema. Se as agências desejam formular regras, elas têm o direito de fazê-lo.[108] Se preferirem proceder por meio de adjudicação, essa abordagem também é possível.[109] Mas, por meio de várias rotas doutrinárias diferentes, com fontes jurídicas ambíguas, os Tribunais inferiores coibiram seriamente a ideia de que as agências têm licença para evitar regras. Uma das rotas provou ser um beco sem saída (ou assim a Suprema Corte decidiu). As outras ainda não cumpriram o que parecia ser sua promessa original, mas permanecem viáveis em certo grau, apesar da contínua ausência de bases legais claras.

---

[107] Ver, e.g., SHAPIRO, David L. "The choice of rulemaking or adjudication in the development of administrative policy". *Harvard Law Review*, nº 78, 1965; BAKER, Warren E. "Policy by rule or ad hoc approach: which should it be?". *Law & Contemporary Problems*, nº 22, 1957.
[108] Ver EUA. *5 U.S. Code*, § 553.
[109] Ver EUA. *5 U.S. Code*, §§ 554 e 556–557.

2. A proposta de K. C. Davis. Alguns antecedentes necessários vêm do trabalho do Professor Kenneth Culp Davis, que pode muito bem ter sido o estudioso de Direito Administrativo mais influente do país no período entre 1950 e 1980. Em 1969, Davis publicou um pequeno ensaio intitulado "A new approach to delegation".[110] O ensaio poderia ser facilmente interpretado como um discurso em favor da moralidade interna do Direito.

Prenunciando algumas queixas contemporâneas sobre o Estado Administrativo, a alegação central de Davis era que o sistema jurídico americano enfrentava um problema sério, até mesmo uma crise, na forma de exercícios de discricionariedade ilimitada. Em sua opinião, o principal problema do Estado Administrativo é a existência de um Direito sem regras e de julgamentos *ad hoc*. Corajosamente, ele afirmou:

> A doutrina da não delegação é quase um fracasso completo. Não evitou a delegação de poderes legislativos. Nem cumpriu seu objetivo posterior de assegurar que o poder delegado seja guiado por padrões significativos. Mais importante, ela falhou em fornecer a proteção necessária contra o poder discricionário desnecessário e descontrolado. Chegou a hora de os Tribunais reconhecerem que a doutrina da não delegação é insatisfatória e inventar melhores formas de proteção contra o poder administrativo arbitrário.[111]

Com essas "melhores formas", Davis esperava inspirar uma espécie de revolução, a ser aplicada por juízes. Aparentemente com base na ideia da moralidade interna do Direito, ele argumentou que os Tribunais deveriam abandonar a doutrina da não delegação e insistir em

---

[110] DAVIS, Kenneth Culp. "A new approach to delegation". *University of Chicago Law Review*, n° 36, 1969, p. 713.

[111] DAVIS, Kenneth Culp. "A new approach to delegation". *University of Chicago Law Review*, n° 36, 1969, p. 713. [tradução livre].

uma exigência muito mais ampla, imposta judicialmente, de que, tanto quanto possível, os administradores deveriam estruturar seu poder discricionário por meio de salvaguardas adequadas, e limitar e guiar seu poder discricionário por meio de padrões, princípios e regras.[112] Em sua opinião, os Tribunais deveriam "proteger os particulares de injustiças devido ao exercício de um poder discricionário desnecessário e descontrolado".[113]

Uma boa maneira de fazer isso seria "exigir padrões administrativos sempre que os padrões legais forem inadequados".[114] Curiosamente, Davis não especificou a base legal para essa exigência. Ele parecia pensar que ela poderia ser imposta por meio de uma forma de *common law* federal, que era consistente com sua visão da questão em geral.[115] Também curiosamente, Davis escreveu como se a justiça discricionária fosse axiomaticamente ruim – como se sua "exigência muito mais ampla" fosse evidentemente de interesse público. Para ele (assim como para muitos que o seguiram), o exercício de discricionariedade da agência era, ou deveria ser, o principal alvo do Direito Administrativo.[116] Devemos observar que essa visão é controversa. Se o objetivo é promover o bem-estar social, a discricionariedade pode ser um problema, mas, em situações plausíveis, também pode ser uma solução e, em qualquer caso, a questão mais fundamental é se as agências estão melhorando a vida das pessoas ao fazerem escolhas políticas de promoção do bem-estar. Voltaremos a esses pontos. Mas não há dúvida de que, para advogados e juízes, as afirmações de Davis tinham, e continuam a ter, um grande

---

[112] DAVIS, Kenneth Culp. "A new approach to delegation". *University of Chicago Law Review*, n° 36, 1969, p. 713. (sem os destaques). [tradução livre].

[113] DAVIS, Kenneth Culp. "A new approach to delegation". *University of Chicago Law Review*, n° 36, 1969, p. 725.

[114] DAVIS, Kenneth Culp. "A new approach to delegation". *University of Chicago Law Review*, n° 36, 1969, p. 729.

[115] Ver DAVIS, Kenneth Culp. "Administrative common law and the Vermont Yankee opinion". *Utah Law Review*, n° 1, 1980.

[116] Ver HAMBURGER, Philip. "Chevron Bias". *George Washington Law Review*, n° 84, 2016.

apelo intuitivo, acima de tudo porque se baseiam em um compromisso com o Estado de Direito e a moralidade interna do Direito.

3. *Padrões e discricionariedade na Corte de Apelações do Circuito de D.C.* O argumento de Davis encontrou um leitor receptivo apenas dois anos depois, no juiz Harold Leventhal, um dos mais ilustres juízes do Tribunal de apelações daquele período, atuando em um Tribunal federal distrital.[117] O caso envolveu um ataque constitucional à lei que autorizava o presidente Nixon a estabelecer um congelamento de salários e preços. A lei não oferecia regras ou critérios para disciplinar o exercício do poder discricionário do presidente; por esse motivo, parecia criar um problema de não delegação. O juiz Leventhal encontrou restrições suficientes no contexto estatutário. Mas ele incluiu uma seção claramente intitulada "Necessidade de padrões administrativos contínuos para evitar a abrangência indevida da autoridade executiva".[118] Lá, ele apresentou o ponto de Davis e parecia falar em termos do que o Direito deve fazer ou ser, para se qualificar como tal:

> Outra característica que embota a retórica do "cheque em branco" é a exigência de que qualquer ação do Executivo nos termos da lei, após o congelamento, esteja de acordo com as demais normas desenvolvidas pelo Executivo. Essa exigência, *inerente ao Estado de Direito e implícita na lei*, significa que, por mais ampla que seja a discricionariedade do Executivo no início, os padrões, uma vez desenvolvidos, limitam a amplitude da ação executiva subsequente.[119]

O juiz Leventhal acrescentou que "há uma exigência permanente de política administrativa inteligível que é corolário e aplicação do padrão

---

117 *Amalgamated Meat Cutters & Butcher Workmen v. Connally*, 337 F. Supp. 737 (District of Columbia, 1971).
118 *Amalgamated Meat Cutters & Butcher Workmen v. Connally*, 337 F. Supp. 737, 758 (District of Columbia, 1971). [tradução livre].
119 *Amalgamated Meat Cutters & Butcher Workmen v. Connally*, 337 F. Supp. 737, 758 (District of Columbia, 1971). (ênfase adicionada). [tradução livre].

CAPÍTULO II – A MORALIDADE DO DIREITO: REGRAS...

e do objetivo final da legislatura".[120] Para nossos propósitos, as palavras mais importantes são "inerentes ao Estado de Direito e implícitas na lei". Além das disposições constitucionais que podem encarná-lo, o Estado de Direito (com maiúsculas ou não) não é, obviamente, executório como tal, e o juiz Leventhal não fez nenhuma alegação de que a cláusula de devido processo legal da Constituição, ou qualquer outra disposição da Declaração de Direitos de 1689, exige que o Poder Executivo desenvolva padrões adicionais e os cumpra. E, como costuma acontecer, a palavra "implícito" acaba por significar "não". Nada na lei subjacente exigia o desenvolvimento de padrões de implementação.

Apesar dessas preocupações, a abordagem básica do juiz Leventhal desempenhou papel central em várias decisões importantes do Circuito de D.C. e, por um período significativo, algo como "Fuller aplicado" parecia ser a lei do país. Uma decisão fundamental envolveu a constitucionalidade de uma cláusula importante do *Occupational Safety and Health Act*, que concede ao secretário do trabalho autoridade para emitir regulamentos que sejam "necessários ou apropriados para fornecer empregos e locais de trabalho seguros e saudáveis".[121] Por sua aparente abertura, o Circuito de D.C. decidiu que essas palavras violariam a doutrina da não delegação, a menos que o *Department of Labor* especificasse seu significado.[122]

Isso era, é claro, exatamente o que Davis buscava, e seria uma solução suficiente para a objeção de Fuller ao Direito sem regras. Na devolução dos autos, o *Department of Labor* fez o que o Tribunal de apelações exigiu, esclarecendo como exerceria sua discricionariedade e apresentando o que entendeu como disciplina suficiente sobre suas próprias escolhas futuras.[123] Na opinião do Tribunal, o problema consti-

---

120 *Amalgamated Meat Cutters & Butcher Workmen v. Connally*, 337 F. Supp. 737, 759 (District of Columbia 1971). [tradução livre].
121 EUA. *29 U.S. Code*, § 652 (8), (2012). [tradução livre].
122 *International Union, UAW v. Occupational Safety & Health Administration*, 938 F.2d 1310, 1318, 1321 (District of Columbia Circuit, 1991).
123 *International Union, UAW v. Occupational Safety & Health Administration*, 37 F.3d 665, 667 (District of Columbia Circuit, 1994).

tucional estava, portanto, resolvido, porque as agências não funcionavam mais na ausência de regras.

Alguns anos depois, o mesmo problema surgiu sob uma cláusula aparentemente aberta do *Clean Air Act*.[124] O Circuito de D.C. respondeu novamente dizendo que o problema poderia ser sanado se a *Environmental Protection Agency* se disciplinasse por meio de regras de implementação claras. Nas palavras do Tribunal, em face de uma delegação de poder inconstitucional, "nossa resposta não é derrubar a lei, mas dar às agências a oportunidade de extrair um determinado padrão por conta própria".[125] Mas, quanto à proposta de Davis para esta ideia: qual é a fonte legal? Como resposta, o Tribunal invocou diretamente a doutrina da não delegação, exortando, nos passos de Davis, que se as agências produzirem princípios inteligíveis, então alguns dos propósitos centrais da doutrina seriam cumpridos.[126] Desse modo, o Tribunal de apelações vinculou diretamente a doutrina da não delegação com Davis e Fuller.

Na apelação, a Suprema Corte ficou incrédula.[127] Se há um problema genuíno da não delegação, ele surge no artigo I, seção 1, porque o Congresso não possui um princípio inteligível estabelecido e, portanto, a abordagem das agências não está presente em lugar nenhum. "A ideia de que uma agência pode remediar uma delegação inconstitucional de

---

[124] *American Trucking Associations, Inc. v. United States Environmental Protection Agency*, 175 F.3d 1027 (District of Columbia Circuit,1999), concordando em parte, discordando em parte, *Whitman v. American Trucking Associations, Inc*, 531 U.S. 457 (2001).

[125] *American Trucking Associations, Inc. v. United States Environmental Protection Agency*, 175 F.3d 1027 (District of Columbia Circuit,1999). [tradução livre].

[126] *American Trucking Associations, Inc. v. United States Environmental Protection Agency*, 175 F.3d 1027, 1038 (District of Columbia Circuit, 1999). "Permitir que uma agência extraia um determinado padrão] atende a pelo menos dois dos três fundamentos básicos da doutrina da não delegação. Se a agência desenvolve padrões determinados e vinculativos para si mesma, é menos provável que exerça a autoridade delegada arbitrariamente. E tais padrões aumentam a probabilidade de que um controle judicial significativo se mostre viável". (citação omitida). [tradução livre].

[127] *Whitman v. American Trucking Associations, Inc.*, 531 U.S. 457, 473 (2001).

CAPÍTULO II – A MORALIDADE DO DIREITO: REGRAS...

poder sem nenhum padrão simplesmente recusando-se a exercer parte desse poder nos parece internamente contraditória".[128]

Com essas palavras, a Corte basicamente destruiu o desenvolvimento doutrinário que o juiz Leventhal havia inaugurado. Mas as preocupações subjacentes sobre a moralidade interna do Direito continuam a operar em outros domínios. Com diferentes nomes e diferentes fontes legais, as preocupações de Fuller (e também de Davis) continuam a desempenhar um papel importante na supervisão judicial do Estado Administrativo.

4. Vagueza. Suponha que uma lei torne crime que as pessoas "perambulem" e que o termo não esteja claramente definido. Há uma boa chance de que a lei seja anulada por ser vaga.[129] As leis criminais devem fornecer às pessoas informações claras e também disciplinar a discricionariedade da polícia. A doutrina da nulidade por vagueza (*void-for-vagueness*) pode ser facilmente vista como uma personificação da ênfase de Fuller no "fracasso em formular regras, de modo que cada questão deve ser decidida em uma base *ad hoc*". Ainda mais claramente, ela reflete as preocupações de Fuller sobre "uma falha em tornar as regras compreensíveis". Por definição, uma lei vaga não é compreensível. Ambos os tipos de falha têm desempenhado papel significativo no arco do Direito Administrativo.

É verdade que, na medida em que se trata apenas de Direito Penal, o controle do Estado Administrativo está envolvido apenas de forma intermitente. A maioria das agências não impõe leis criminais. Mas em uma série de casos importantes na década de 1960, a maioria dos quais ainda são válidos, os Tribunais federais começaram a estender a doutrina da nulidade por vagueza e a compreender a cláusula do devido processo no sentido de exigir que os administradores se movessem na direção marcada por Davis e Fuller.

---

[128] *Whitman v. American Trucking Associations, Inc.*, 531 U.S. 457, 473 (2001).
[129] Ver *Papachristou v. City of Jacksonville*, 405 U.S. 156 (1972).

O caso *Hornsby v. Allen* envolveu um pedido malsucedido para operar uma loja de bebidas alcoólicas em Atlanta, Geórgia.[130] Um requerente desapontado objetou que o sistema de licenciamento não tinha regras e que as autoridades decidiram numa base *ad hoc*; em essência, não havia lei. O Tribunal de apelações considerou que o sistema violava a cláusula do devido processo.[131] O principal argumento era que, se "nenhum padrão verificável foi estabelecido pelo *Board of Aldermen*, pelo qual um requerente pode, racionalmente, buscar se habilitar para uma licença, então o Tribunal deve proibir a negação de licenças sob o sistema vigente". O Tribunal chegou perto de dizer que o sistema era ilegal porque sofria de "uma falha em tornar as regras compreensíveis".

Deve ficar claro que essa decisão poderia ter sido explosiva. Poderia ter significado, e significar até hoje, que qualquer agência administrativa, estadual ou federal, viola a cláusula do devido processo se não agir de acordo com "padrões verificáveis". E se os Tribunais federais assim decidissem, eles estariam justificando o princípio de Fuller.

No caso *Holmes v. New York City Housing Authority*, um Tribunal de apelações moveu-se exatamente nessa direção, aceitando a ideia adotada pelo Tribunal de *Hornsby* em um contexto muito diferente.[132] Durante o período em questão, a *New York City Housing Authority* recebeu noventa mil pedidos de residências públicas; poderia selecionar, em média, cerca de dez mil. Os demandantes alegaram que haviam entrado com pedidos e não receberam resposta. Mais fundamentalmente, eles acrescentaram que os pedidos não foram processados "de acordo com padrões verificáveis, ou de qualquer outra forma razoável e sistemática".[133] Em sua opinião, isso foi uma violação da cláusula do devido processo.

---

130 *Hornsby v. Allen*, 326 F.2d 605 (5th Circuit, 1964).
131 *Hornsby v. Allen*, 326 F.2d 605, 610, 612 (5th Circuit, 1964).
132 *Holmes v. New York City Housing Authority*, 398 F.2d 262 (2nd Circuit, 1968).
133 *Holmes v. New York City Housing Authority*, 398 F.2d 262, 264 (2nd Circuit, 1968). Considerem se *Bush v. Gore*, 531 U.S. 98 (2000) pode ser mais bem compreendido com base na preocupação de que os votos não foram processados "de acordo com padrões verificáveis ou de qualquer outra maneira razoável e sistemática". [tradução livre].

CAPÍTULO II – A MORALIDADE DO DIREITO: REGRAS...

Refletindo um compromisso com a moralidade interna do Direito, o Tribunal de apelações concordou. Citando *Hornsby*, o Tribunal proclamou: "nem é preciso dizer que a existência de uma discricionariedade absoluta e descontrolada em uma agência do governo responsável pela administração de um amplo programa, tal como o da habitação pública, seria um convite intolerável ao abuso".[134] Acrescentou, também, que "o devido processo requer que as seleções entre os candidatos sejam feitas de acordo com 'padrões verificáveis'".[135] Se os casos *Holmes* e *Hornsby* forem lidos juntos, eles parecem aceitar a visão de Fuller sobre a moralidade interna do Direito, conforme encaminhada por Davis, e fundamentar essa visão, o que Fuller e Davis não fizeram, na cláusula do devido processo. Essa visão poderia facilmente ser uma base, mesmo agora, para ataques generalizados aos muitos domínios da administração nos quais "padrões verificáveis" não podem ser encontrados. Talvez, surpreendentemente, os resultados desses ataques sejam mistos. Em domínios que incluem licenciamento, habitação, liberdade condicional, invalidez e pagamentos de assistência, os casos *Holmes* e *Hornsby* deram alguns frutos, autorizando restrições à discricionariedade das agências.[136] Mas em outros casos, envolvendo qualidade da água, estabilidade acadêmica, e agricultura, a reivindicação do devido processo tem sido rejeitada.[137]

---

[134] *Holmes v. New York City Housing Authority*, 398 F.2d 262, 265 (2nd Circuit, 1968), citando *Hornsby v. Allen*, 326 F.2d 605, 609–610 (5th Circuit, 1964).

[135] *Holmes v. New York City Housing Authority*, 398 F.2d 262, 265 (2nd Circuit, 1968).

[136] Sobre licenciamento, ver, e.g., *Jensen v. Administrator of Federal Aviation Administration*, 641 F.2d 797, 799 (9th Circuit, 1981), vago, *Jensen v. Administrator of Federal Aviation Administration*, 680 F.2d 593 (9th Circuit, 1982); sobre habitação, ver, e.g., *Ressler v. Pierce*, 692 F.2d 1212, 1214-16 (9th Circuit, 1982); sobre liberdade condicional, ver, e.g., *Franklin v. Shields*, 569 F.2d 784, 789–790 (4th Circuit, 1977) (*en banc*) (*per curiam*), *certiorari* negado, *Franklin v Shields*, 435 U.S. 1003 (1978); sobre deficiência, e.g., *Ginaitt v. Haronian*, 806 F. Supp. 311, 314–319 (District of Rhode Island, 1992); sobre pagamentos de assistência, ver, e.g., *Carey v. Quern*, 588 F.2d 230, 232–334 (7th Circuit, 1978).

[137] Sobre a qualidade da água, ver, e.g., *City of Albuquerque v. Browner*, 97 F.3d 415, 429 (10th Circuit, 1996); sobre posse acadêmica, ver, e.g., *San Filippo v. Bongiovanni*, 961 F.2d 1125, 1134–1136 (3rd Circuit, 1992); sobre agricultura, ver, e.g., *Bama Tomato Co. v. U.S. Department of Agriculture*, 112 F.3d 1542, 1547-1548 (11th Circuit, 1997).

Um dos motivos é um tanto técnico. Segundo a doutrina moderna, um pré-requisito para uma reivindicação de devido processo válido é que o requerente deve ter uma liberdade protegida ou direito de propriedade.[138] É como se as leis e regulamentos que carecessem de padrões verificáveis e, portanto, não conferissem algum tipo de direito legal, não pudessem violar a cláusula do devido processo. Se os requerentes não tiverem uma liberdade protegida ou direito de propriedade, eles não poderão alegar uma violação da cláusula. E, de fato, vários casos rejeitam a generalização das decisões dos casos *Holmes* e *Hornsby* exatamente nesse terreno.[139] A Suprema Corte ainda não explorou a questão. Não há dúvida de que, se considerado de forma ampla, as decisões atuais poderiam ser usadas para contestar vários âmbitos da prática regulatória.

Nosso objetivo aqui não é nos pronunciar sobre a leitura adequada desses acervos, nem mesmo se estão corretos. A questão é que os casos *Holmes* e *Hornsby*, e os casos que os seguem, estão fazendo uma declaração sobre a moralidade do Direito Administrativo – e trabalhando duro para invocar a cláusula do devido processo como argumento legal.

5. *Regras e o APA*. O *APA* pode ajudar? Suponha que o Estado Administrativo não deva deixar de "estabelecer regras em primeiro lugar, endossando que todas as questões sejam decididas caso a caso". O *APA* exige que as agências usem a regulamentação em vez da adjudicação?

Em um caso anterior, o Tribunal pareceu sugerir que sim, pelo menos às vezes.[140] O caso envolvia o *National Labor Relations Board* (NLRB), que há muito leva a cabo a política nacional de relações de

---

[138] *Board of Regents v. Roth*, 408 U.S. 564 (1972), continua a ser a decisão fundamental. Estamos resumindo rapidamente algumas doutrinas complexas aqui e não nos aventurando nas complexidades. Por exemplo, os interesses de liberdade existem quer haja ou não um direito legal.

[139] Ver, e.g., *Hill v. Jackson*, 64 F.3d 163, 170–171 (4th Circuit, 1995).

[140] *National Labor Relations Board v. Wyman-Gordon Co.*, 394 U.S. 759, 764 (1969). "As disposições normativas dessa lei (...) não podem ser evitadas pelo processo de criação de regras no curso de procedimentos judiciais". [tradução livre].

CAPÍTULO II – A MORALIDADE DO DIREITO: REGRAS...

trabalho não por meio de regulamentação, mas por meio de adjudicação caso a caso. Ele tem sido ferozmente criticado exatamente nesse terreno, muitas vezes com argumentos que implicitamente encarnam *Fuller* e *Davis*.[141] Nas décadas de 1960 e 1970, muitas agências mudaram para a regulamentação como seu veículo preferido para a formulação de políticas. O NLRB foi a exceção mais proeminente.

Sua recalcitrância chegou ao auge no caso *NLRB v. Wyman-Gordon Co*.[142] O caso envolveu a ordem do NLRB, em um julgamento, exigindo que *Wyman-Gordon* fornecesse uma lista com os nomes e endereços de seus funcionários aos sindicatos que buscavam organizá-los. A ordem veio por sua vez de uma decisão anterior, *Excelsior Underwear Inc.*, na qual o NLRB havia estabelecido a aplicação da lei por meio de adjudicação, mas concluiu que só deveria ser aplicada prospectivamente para evitar injustiças.[143] No caso *Wyman-Gordon*, o NLRB aplicou a ordem do caso *Excelsior Underwear* pela primeira vez.

A Suprema Corte invalidou a ordem do NLRB por motivos processuais que pareciam encarnar a posição de *Fuller*.[144] A leitura mais ampla da decisão, apoiada por pelo menos uma opinião separada, foi que certos tipos de decisões, com efeitos gerais, devem passar pela regulamentação; decisões caso a caso seriam ilegais. A opinião plural[145]

---

[141] Os argumentos estão implícitos na medida em que criticam a prevenção à criação de regras e a confiança na adjudicação, à luz dos valores do Estado de Direito. Ver, e.g., GRUNEWALD, Mark H. "The NLRB's first rulemaking: an exercise in pragmatism". *Duke Law Journal*, n° 41, 1991, p. 295; ver também ESTREICHER, Samuel. "Policy oscillation at the labor board: a plea for rulemaking". *Administration Law Review*, n° 37, 1985.

[142] *National Labor Relations Board v. Wyman-Gordon Co.*, 394 U.S. 759 (1969).

[143] *Excelsior Underwear Inc.*, 156 N.L.R.B. 1236 (1966).

[144] *National Labor Relations Board v. Wyman-Gordon Co.*, 394 U.S. 759, 765 (1969).

[145] Nota do tradutor: uma opinião plural (*plurality opinion*) da Suprema Corte dos EUA é um dos tipos possíveis de opinião jurisdicional (as demais são: opinião majoritária, opinião discordante, opinião concordante, opinião de *memorandum*, opinião *per curiam* e opinião *seriatim*). Significa que a opinião de um ou mais juízes fornece a razão decisória quando nenhuma opinião singular recebeu apoio da maioria da Corte, ou seja, a opinião pluralista não recebeu apoio de mais da metade dos juízes, mas

enfatizou que as disposições de regulamentação do *APA*, "que o Conselho evitaria, foram concebidas para assegurar a justiça e a consideração madura das regras de aplicação geral".[146] Como a opinião plural afirmou, essas disposições "não podem ser evitadas pelo processo de estabelecer regras no curso dos processos judiciais".[147] No caso *Excelsior Underwear*, a agência criou uma regra, mas o fez sem usar os procedimentos do *APA* para tal. Nesse aspecto, o Tribunal flertou com a ideia de que, se uma agência está fazendo uma política suficientemente geral, ela deve usar a regulamentação.

Uma leitura mais plausível e muito mais restrita da decisão é que o problema no caso *Excelsior Underwear* era que o pedido era apenas prospectivo. Nessa visão, as agências podem agir de maneira *ad hoc* e podem fazer política geral por meio de adjudicação, mas devem aplicar suas ordens às partes específicas. Se não o fizerem, estarão envolvidas na formulação de regras.

No caso *Bell Aerospace*, decidido cinco anos depois, o Tribunal esclareceu que a leitura mais restrita estava correta.[148] Em suas palavras, "o Conselho não está impedido de anunciar novos princípios em um processo de adjudicação" e "a escolha entre regulamentação e adjudicação está em primeira instância na discricionariedade do *Board*".[149] Mas ao apontar para o fato de que a decisão do Conselho, no caso em si, dependia de circunstâncias particulares, o Tribunal simultaneamente fez uma advertência: "pode haver situações em que a confiança do Conselho na adjudicação equivalha a um abuso de discricionariedade ou uma violação da lei".[150] Essas palavras podem ser interpretadas como um convite a uma abordagem fulleriana para a escolha do procedimento

---

recebeu mais apoio que as demais opiniões, excluindo os que votaram de forma dissidente.

[146] *National Labor Relations Board v. Wyman-Gordon Co.*, 394 U.S. 759, 764 (1969).
[147] *National Labor Relations Board v. Wyman-Gordon Co.*, 394 U.S. 759, 764 (1969).
[148] *National Labor Relations Board v. Bell Aerospace Co.*, 416 U.S. 267, 294 (1974).
[149] *National Labor Relations Board v. Bell Aerospace Co.*, 416 U.S. 267, 294 (1974).
[150] *National Labor Relations Board v. Bell Aerospace Co.*, 416 U.S. 267, 294 (1974).

CAPÍTULO II – A MORALIDADE DO DIREITO: REGRAS...

pela agência. Na medida em que as agências usassem a adjudicação para definir políticas caso a caso, estariam abusando de sua discricionariedade; políticas amplas devem ser estabelecidas por meio de regras.

A Suprema Corte não tem reexaminado a questão há décadas, e geralmente se pensa que o caso *Bell Aerospace* dá às agências bastante espaço para escolher entre regulamentação e adjudicação.[151] Mas há duas importantes notas de advertência. Em primeiro lugar, a linguagem de "abuso de discricionariedade" provou ser significativa em alguns casos, nos quais Tribunais inferiores, invocando considerações de Estado de Direito, disseram que, se as agências estão fazendo uma política geral, devem usar as disposições de regulamentação do *APA*.[152] Nesses casos, os Tribunais têm essencialmente sustentado que para certos tipos de formulação de políticas, indo muito além dos fatos particulares, as agências devem estabelecer e agir com base em regras; elas não podem proceder caso a caso.[153]

Em segundo lugar, as preocupações com a moralidade interna do Direito desempenharam (pensamos) um papel inconfundível e proeminente na decisão da Suprema Corte no caso *Allentown Mack*.[154] A objeção central da Corte era que o NLRB estava agindo indevidamente em uma base *ad hoc*, sem restrições e, de fato, violando suas próprias regulamentações. Na verdade, o NLRB falhou em elaborar regras, embora pretendesse fazê-lo. Pode-se afirmar que a contínua falha do NLRB em usar processos de regulamentação está na origem da decisão do Tribunal.

---

[151] Ver, e.g., *Nestle Dreyer's Ice Cream Co. v. National Labor Relations Board*, 821 F.3d 489, 501 (4th Circuit, 2016). "Normalmente, o Conselho pode adotar novos princípios regulatórios por meio de adjudicação, em vez de regulamentação", citando *Bell Aerospace*, 416 U.S. at 294 (1974). [tradução livre].

[152] Ver, e.g., *Ford Motor Co. v. Federal Trade Commission*, 673 F.2d 1008, 1010 (9th Circuit, 1981).

[153] Ver, e.g., *Jean v. Nelson*, 711 F.2d 1455, 1476–1477 (11th Circuit, 1983), anulado e revertido por outros motivos, *Jean v. Nelson*, 727 F.2d 957 (11th Circuit, 1984) (*en banc*), afirmado, *Jean v. Nelson*, 472 U.S. 846 (1985).

[154] *Allentown Mack Sales & Service, Inc. v. Nation Labor Relations Board*, 522 U.S. 359 (1998).

No caso *Allentown Mack*, o Tribunal anulou a decisão do NLRB de proibir um empregador de revogar o reconhecimento de um sindicato. Grande parte da opinião consistia em reavaliar cuidadosamente a apuração dos fatos pela agência de uma forma que parecia altamente incomum para a Suprema Corte dos Estados Unidos, que normalmente se concentra em grandes questões jurídicas. Mas a preocupação inconfundível com o Estado de Direito era que *o padrão estruturado pelo NLRB não era o padrão que ele estava realmente aplicando*. O padrão estruturado era que o empregador deveria mostrar um "questionamento razoável de boa fé" de que o sindicato não tinha mais o apoio da maioria. O padrão real, de acordo com o Tribunal, era a eliminação da ideia de "questionamento razoável de boa fé" em favor de algo parecido a uma contagem rígida de trabalhadores.

Em essência, a Suprema Corte queixou-se de "uma falha de congruência entre as regras anunciadas e sua aplicação real" (palavras de Fuller), levando a uma situação em que "o padrão anunciado não é realmente o efetivo" (palavras da Corte). Em uma passagem que Fuller teria celebrado, a Corte disse que "o *Board* deve ser obrigado a aplicar de fato os padrões legais claramente compreendidos que enuncia em princípio".[155] A Corte acrescentou:

> é difícil imaginar um descumprimento mais violento dessa exigência do que a aplicação de uma regra de conduta primária ou de um padrão de prova que seja, de fato, diferente da regra ou padrão formalmente anunciado. E a repetição constante dessa incongruência dificilmente pode consertá-la.[156]

Em sua conclusão de um "descumprimento violento", a Corte apontou implicitamente para três dos princípios de Fuller. O primeiro é o fracasso em estabelecer regras; regras que são violadas como algo natural não são, pelo menos em tese, regras de fato. A segunda é "uma falta de transparência, no sentido de que as partes afetadas não são informadas

---

[155] *National Labor Relations Board v. Bell Aerospace Co.*, 416 U.S. 376 (1974).
[156] *National Labor Relations Board v. Bell Aerospace Co.*, 416 U.S. 374 (1974).

CAPÍTULO II – A MORALIDADE DO DIREITO: REGRAS...

das regras que devem cumprir". O terceiro é "uma incompatibilidade entre as regras anunciadas e as regras aplicadas".

O *Allentown Mack* parece um caso de evidência substancial e mundano, mas é muito mais ambicioso do que isso. É realmente um caso sobre o Estado de Direito e o que o Tribunal viu como a moralidade interna do Direito Administrativo.

Retroatividade

Como muitos críticos contemporâneos do Estado Administrativo, Fuller estava profundamente preocupado com "um abuso da retroatividade, no sentido de que as pessoas não podem confiar nas regras atuais e estão sob ameaça de mudança". Em 1988, a Suprema Corte anunciou um novo cânone de construção, proibindo a retroatividade administrativa, a menos que o Congresso a autorizasse explicitamente.[157] Embora o anúncio tenha ocorrido no final do século XX, a Corte pretendia falar em defesa de uma tradição e da moralidade presumida do Direito Administrativo.

O caso, *Bowen v. Georgetown University Hospital*, tinha um histórico complexo, que não apresentava um terreno fértil para o novo cânone. De acordo com o Direito Positivo, o *Department of Health and Human Services* (HHS) está autorizado a estabelecer limites sobre quanto dinheiro do contribuinte pode ser usado para reembolsar hospitais no âmbito do programa *Medicare*. Em 1981, o HHS promulgou uma regra que especificava esses limites. A regra não passou pelo processo normal de notificação e consulta, que permite um período de consulta pública sobre todas as regras propostas, e foi invalidada por esse motivo. Em 1984, o HHS emitiu uma regra procedimentalmente válida em que reeditou a regra de 1981 e aplicou seus limites retroativamente aos anos provisórios, negando assim o reembolso de custos a certos hospitais. Os hospitais se opuseram à aplicação retroativa da regra invalidada.

---

[157] *Bowen v. Georgetown University Hospital*, 488 U.S. 204, 208 (1988).

À primeira vista, a objeção é intrigante. Os hospitais não podiam alegar surpresa; a regra original havia sido emitida em 1981. Nenhuma das fontes do Direito parecia proibir o HHS de fazer o que fazia. Ninguém argumentou que o HHS havia violado sua lei orgânica. Uma objeção de arbitrariedade simplesmente fracassaria. Nessas circunstâncias, nada havia de arbitrário na decisão do HHS de reeditar sua regra de 1981 a fim de garantir que não estava pagando somas excessivas a título de reembolso.

O entendimento da Suprema Corte anunciou o que considerou ser um princípio básico, aparentemente refletindo parte da moralidade do Direito Administrativo: "a retroatividade não é favorecida pela lei".[158] Com esse princípio em mente, a Corte anunciou que a legislação e os regulamentos "não serão interpretados como tendo efeito retroativo, a menos que sua linguagem exija esse resultado". Por esse motivo, uma concessão legal de autoridade normativa não seria considerada para dar às agências "o poder de promulgar as regras retroativas, a menos que esse poder seja transmitido pelo Congresso em termos expressos". Nesse caso, não houve tal outorga expressa e, portanto, a decisão da agência foi ilegal. A ideia básica é simples: a menos que o Congresso autorize claramente as agências a aplicarem suas regras retroativamente, elas não terão esse poder.

Observe que o cânone da antirretroatividade estava, e está, em séria tensão com o princípio do caso *Chevron*, exigindo que os Tribunais se submetessem a interpretações razoáveis de agências com leis ambíguas. À primeira vista, *Chevron* se aplica com força total à questão da retroatividade. O caso *Chevron* poderia facilmente sugerir que, sujeito às restrições de razoabilidade, cabe às agências decidirem se o equilíbrio das considerações justifica a aplicação retroativa. O caso *Bowen* parece ser uma excelente oportunidade para invocar o caso *Chevron*. No entanto, a Corte deixou claro que o cânone antirretroatividade supera o caso *Chevron*. Consistente com a moralidade percebida do Direito Administrativo, o ponto central do caso *Bowen* é restringir a autoridade das agências para aplicar regras retroativamente e exigir autorização expressa

---

[158] *Bowen v. Georgetown University Hosp*ital, 488 U.S. 204, 208 (1988).

CAPÍTULO II – A MORALIDADE DO DIREITO: REGRAS...

do Congresso para tais aplicações. E como o Congresso raramente decidirá conferir essa autoridade às agências, *Bowen* é efetivamente uma proibição total da retroatividade, pelo menos na maior parte do tempo.

A Corte foi unânime em sua conclusão. Mas o juiz Scalia ofereceu um argumento bem diferente em nome dessa conclusão.[159] Em sua opinião, não havia necessidade de criar um novo cânone, pois o *APA* proíbe explicitamente a retroatividade, E o faz em sua própria definição de "regra", que é "o todo ou uma parte de uma declaração de uma agência de aplicabilidade geral ou particular e efeito futuro".[160] O juiz Scalia colocou as palavras "efeito futuro" em itálico, para sublinhar sua visão de que "as regras têm consequências jurídicas apenas para o futuro". Analisando a diferença entre ordens, que emergem de decisões judiciais, e regras, ele insistiu que "realmente não há alternativa, exceto o significado óbvio, que uma regra é uma declaração que tem consequências jurídicas apenas para o futuro". E em apoio a essa leitura, ele apontou para o Manual do Procurador-Geral de 1947 sobre o *Administrative Procedure Act*, que afirma que uma regra "opera no futuro".[161]

A opinião separada do juiz Scalia era característica; ele era cético quanto à invenção judicial de novos cânones. Mas sua leitura do *APA* dificilmente é inevitável.[162] Para entendê-lo, devemos especular que ele foi inspirado pelas mesmas preocupações com o Estado de Direito que animam a opinião da maioria. A regra em questão no caso *Bowen* certamente teve "efeito futuro". Também teve efeito retroativo. O *APA* não define regra como algo que tem efeito futuro exclusivo. A mera definição de uma regra – como uma declaração da agência de aplicabilidade geral ou particular (território bastante amplo!) e efeito futuro – é uma forma singularmente estranha de impor uma proibição

---

[159] *Bowen v. Georgetown University Hospospital*, 488 U.S. 204, 216 (1988). (SCALIA, J., concordando).
[160] EUA. *5 U.S. Code*, § 551 (4), (2012).
[161] *Bowen v. Georgetown University Hospital*, 488 U.S. 204, 219 (1988).
[162] Ver SCHAUER, Frederick A. "Brief note on the logic of rules, with special reference to Bowen v. Georgetown University Hospital". *Admistration Law Review,* nº 42, p. 447, 1990, p. 454.

substantiva às agências de imporem suas regras retroativamente, mesmo quando têm uma razão excelente para fazer isso.

É mais natural e mais consistente com a evidência contextual entender a definição como um esforço para distinguir regras de ordens, que surgem de adjudicações. Certamente, as ordens quase sempre têm efeito retroativo, no sentido de que geralmente se aplicam às partes, mesmo que a lei aplicável não tenha sido totalmente clara de antemão. Mas observem que as ordens também têm efeito futuro, no sentido de que podem fornecer precedentes vinculantes, e mesmo regras de Direito, que regem a conduta privada, e ninguém pensa que as definições do *APA* levantam questões sobre o "efeito futuro" das ordens. Em suma, é difícil ler as definições do *APA* para justificar a conclusão de que as agências não têm autoridade para aplicar retroativamente suas regras.

O caso *Bowen* é mais bem compreendido como uma resposta à moralidade interna do Direito Administrativo. É assim que a opinião da maioria é escrita. Em decorrência disso, ele é um caso bastante pertinente e uma versão qualitativa da ideia mais ousada que Fuller tinha em mente: as agências precisam de autorização legislativa clara para aplicar suas regras retroativamente. Se o Congresso deseja capacitá-las a fazê-lo, certamente pode, desde que fale com clareza suficiente. Nessa medida, a moralidade interna do Direito Administrativo, tal como é entendida no caso *Bowen*, não impõe restrições à legislatura nacional. Ela é projetada especificamente para o Estado Administrativo.

Previsivelmente, *Bowen* gerou muita confusão nos Tribunais inferiores.[163] Como o Congresso raramente autoriza a retroatividade, as agências devem operar dentro das restrições do caso *Bowen*. Mas quais são essas restrições? Em casos imagináveis, a resposta é óbvia. As agências de financiamento não podem impor regras de reembolso *ex post* aos destinatários que agiram de acordo com regras diferentes; a *Occupational Safety and Health Administration* não pode impor penalidades aos empregadores por

---

[163] Compare, e.g., *Covey v. Hollydale Mobilhome Estates*, 125 F.3d 1281 (9th Circuit, 1997), com *Service Employees International Union, Local 102 v. County of of San Diego*, 60 F.3d 1346, 1353 (9th Circuit, 1994).

CAPÍTULO II – A MORALIDADE DO DIREITO: REGRAS...

violar, em 2014, as normas de segurança que foram emitidas em 2015; o *Department of the Interior* não pode sancionar as empresas petrolíferas por não cumprirem as regras que não estavam em vigor quando ocorreu a sua conduta alegadamente ilegal. Mas muitos casos são muito mais difíceis.

Suponha que o *Department of State* emita vistos para certos estrangeiros, declarando que os vistos são indefinidos. Suponha que o departamento mude de ideia e declare que os portadores desses vistos devem solicitá-los novamente, atendendo a certos requisitos novos. Isso é ilegal? Ou suponha que o *Department of Transportation* conceda licenças a certas pessoas para serem motoristas de caminhão, autorizando-as a transportar materiais perigosos, e então emita uma regra determinando que tais licenças serão retiradas de motoristas que foram condenados por um crime. Isso viola *Bowen*?

Os Tribunais têm tido dificuldades com essas questões.[164] Em uma formulação, há uma grande diferença entre (1) uma regra que impõe novos deveres com relação a transações já concluídas ou que prejudica os direitos possuídos quando as pessoas agiram (proibido por *Bowen*) e (2) uma regra que se aplica a uma conduta contínua iniciada antes da emissão do regulamento ou que perturba as expectativas com base na lei anterior (não proibido por *Bowen*).[165] Em outra formulação, há uma grande diferença entre (1) "uma regra que impõe novas sanções sobre conduta passada", que é inválida a menos que explicitamente autorizada, e (2) uma regra "que apenas 'afeta as expectativas', que é secundariamente retroativa e inválida apenas se arbitrária e instável".[166] Essas formulações, qualquer que seja seu escopo preciso, essencialmente tentam implementar um dos princípios de Fuller, que agora são uma parte definidora do Direito Administrativo contemporâneo e, portanto, da moralidade do Direito Administrativo.

---

[164] *Landgraf v. USI Film Products*, 511 U.S. 244, 269, 280 (1994).
[165] *Landgraf v. USI Film Products*, 511 U.S. 244, 269, 280 (1994).
[166] *National Petrochemical & Refiners Association v. Environmental Protection Agency*, 630 F.3d 145, 159 (District of Columbia Circuit, 2010), citando *National Cable & Telecommunications Association v. Federal Communication Commission*, 567 F.3d 659, 670 (District of Columbia Circuit, 2009). [tradução livre].

CAPÍTULO III

A MORALIDADE DO DIREITO: CONSISTÊNCIA E CONFIANÇA

Um objetivo central do Estado de Direito é permitir que as pessoas tenham espaço de manobra – criar uma esfera de ação na qual os cidadãos não tenham que se preocupar com o que seu governo fará. Muitas pessoas temem que o Estado Administrativo possa se transformar em uma forma de absolutismo, em que os cidadãos devem estar constantemente temerosos do que os funcionários públicos podem fazer. A moralidade interna do Direito oferece uma resposta.

Na opinião de Fuller, um suposto sistema jurídico pode deixar de se qualificar como tal, caso passe a "introduzir mudanças tão frequentes nas regras que o sujeito não pode orientar sua ação por elas".[167] Com esse ponto em mente, o Direito Administrativo há muito se preocupa com a consistência, ao longo do tempo, da tomada de decisões das agências, tanto na regulamentação quanto na adjudicação. Uma preocupação intimamente relacionada envolve a dependência de partes reguladas, incluindo, mas não se limitando a, atores econômicos que

---

[167] Ver FULLER, Lon L. *The morality of law*. Revised edition, New Haven: Yale University Press, 1969.

devem planejar investimentos de longo prazo ou outros projetos em um ambiente regulatório. Embora a consistência tenha valor mesmo à parte dos *reliance interests* – uma medida de consistência na execução de planos ao longo do tempo é indiscutivelmente constitutiva da racionalidade –, ainda, como uma questão prática, proteger a confiança é um objetivo central das doutrinas do Direito Administrativo que tentam fomentar a consistência. Trataremos as duas ideias juntas.

"As agências devem seguir suas próprias regras"

Um dos princípios mais consagrados em todo o Direito Administrativo exige que as agências sigam seus próprios regulamentos. Às vezes chamada de princípio do *Arizona Grocery* (devemos adotar esse termo), e às vezes chamada de princípio de *Accardi*, a ideia impõe restrições significativas à ação das agências.[168] Ele é fundamental para as restrições contemporâneas à discricionariedade do Estado Administrativo. Surpreendentemente, a Suprema Corte dos Estados Unidos nunca esclareceu suas fontes legais e não está claro que possa reivindicá-las. O princípio do *Arizona Grocery* parece estar enraizado no pensamento corrente sobre a moralidade interna do Direito Administrativo, conforme capturado no oitavo princípio de Fuller, que proíbe "uma falha de congruência entre as regras anunciadas e sua aplicação real".[169] É fácil ver *Arizona Grocery* como um esforço direto para incorporar o princípio de Fuller.

Para avaliar a amplitude do princípio, suponha que, por regra, a *Food and Drug Administration* tenha informado a certas categorias de agricultores que eles estão isentos dos regulamentos de segurança

---

[168] Ver *Arizona Grocery Co. v. Atchison, Topeka & Santa Fe Railway Co.*, 284 U.S. 370 (1932); ver MERRILL, Thomas W. "The Accardi principle". *George Washington Law Review*, n° 74, 2006, p. 569. [tradução livre].

[169] FULLER, Lon L. *The morality of law*. New Haven: Yale University Press, 1962, p. 39.

CAPÍTULO III – A MORALIDADE DO DIREITO: CONSISTÊNCIA...

alimentar – mas, alarmada com os riscos à saúde resultantes, a agência inicie procedimentos contra eles. Ou suponha que o *Department of Justice* emita uma regra declarando que se os empregadores se envolverem em ações específicas destinadas a promover a acessibilidade a edifícios, eles serão considerados em conformidade com o *Americans with Disabilities Act* – mas que, após investigar as circunstâncias específicas, o departamento conclui que um empregador que se envolveu nessas ações especificadas não fez o suficiente para promover a acessibilidade ao edifício e, então, compromete-se com a fiscalização do caso. Ou suponha que, por regra, o procurador-geral dos EUA diga que um promotor especial que está investigando funcionários da Casa Branca pode ser dispensado apenas se cometer "irregularidades graves" – mas que, a pedido da Casa Branca, o procurador-geral, acreditando que tem motivos para tal, dispensa um promotor especial, embora nenhuma irregularidade grave possa ser identificada.[170]

Em todos esses casos, o princípio do *Arizona Grocery* significa que os funcionários das agências estariam sujeitos às suas regras e, portanto, perderiam no Tribunal. Em uma decisão importante durante a era *Watergate*, um Tribunal inferior invocou o princípio para determinar que o procurador-geral Robert Bork não poderia demitir legalmente um promotor especial, Archibald Cox, porque os regulamentos do *Department of Justice* deram a Cox uma medida de independência, e esses regulamentos eram vinculativos a menos e até que fossem alterados.[171]

No próprio caso *Arizona Grocery*, a *Interstate Commerce Commission* determinou, por meio de "ordens de prescrição de taxas" em 1921, qual a taxa máxima permitida para exportação de açúcar da Califórnia para o Arizona: 96,5 centavos por 100 libras.[172] Em um julgamento em 1925, a agência baixou a taxa a 73 centavos por 100 libras e concedeu reparações aos transportadores, em função da diferença entre 73 centavos e as taxas

---

[170] Ver *Nader v. Bork*, 366 F. Supp. 104 (District of Columbia, 1973).
[171] Ver *Nader v. Bork*, 366 F. Supp. 104 (District of Columbia, 1973).
[172] *Arizona Grocery Co. v. Atchison, Topeka & Santa Fe Railway Co.*, 284 U.S. 370, 381 (1932).

efetivas dos anos anteriores. De maneira muito semelhante a Fuller, a Suprema Corte anulou a última decisão. Sustentou que, enquanto a ordem de prescrição de taxas estava nos livros, a agência

> não pode em um processo subsequente, agindo em sua capacidade quase judicial, ignorar seu próprio pronunciamento promulgado em sua capacidade quase legislativa e revogar retroativamente sua própria promulgação quanto à razoabilidade da taxa prescrita.[173]

Por causa das ambiguidades criadas por esses "quases", o caso *Arizona Grocery* não era exatamente um reflexo claro do princípio do *Arizona Grocery*; o caso *Accardi* era muito mais simples.[174] O caso envolvia um esforço para deportar Joseph Accardi, um cidadão italiano que havia entrado ilegalmente nos Estados Unidos.[175] Accardi não negou que era deportável, mas pediu ao procurador-geral dos Estados Unidos que exercesse sua discricionariedade legal para suspender a deportação. O procurador-geral se recusou, anunciando em entrevista coletiva que deportaria uma lista de "personagens desagradáveis".[176] O nome de Accardi constava dessa lista, que foi então distribuída ao *Board of Immigration Appeals* (BIA), que prontamente afirmou a negação de suspensão da deportação.

A Suprema Corte decidiu que o procurador-geral agiu ilegalmente porque violou seus próprios regulamentos. Esses regulamentos descreviam especificamente os procedimentos a serem usados para processar petições para suspender a deportação. Os regulamentos direcionaram o BIA a "exercer tal discricionariedade e poder conferidos ao procurador-geral por lei", o que exigia que o BIA usasse seu próprio "entendimento e consciência", o que significava que o procurador-geral não poderia contornar o conselho ou dirigir suas decisões.

---

[173] *Arizona Grocery Co. v. Atchison, Topeka & Santa Fe Railway Co.*, 284 U.S. 370, 389 (1932).
[174] *Accardi v. Shaughnessy*, 347 U.S. 260 (1954).
[175] *Accardi v. Shaughnessy*, 347 U.S. 260, 262 (1954).
[176] *Accardi v. Shaughnessy*, 347 U.S. 260, 263 (1954).

CAPÍTULO III – A MORALIDADE DO DIREITO: CONSISTÊNCIA...

De acordo com o regulamento, o *Board* passou a ser uma entidade independente e o procurador-geral tinha de cumprir esse mandato. A sua ordem aparente para o BIA, exigindo-lhe a deportação dos que constavam da lista, era, portanto, ilegal. Em uma série de casos na década de 1950, a Corte usou o mesmo raciocínio básico, geralmente para exigir que as agências seguissem os requisitos processuais que haviam estabelecido nos regulamentos.[177] Nos anos 70, os Tribunais inferiores frequentemente invocavam a ideia de que as agências deviam seguir as próprias regras para esse fim e também para exigir que as agências cumprissem os requisitos substantivos. A ideia básica era (e continua sendo) simples: se os regulamentos estão em vigor, as agências devem aderir a eles, a menos e até que sejam alterados.

O problema é que, embora tanto o caso *Arizona Grocery* quanto o *Accardi* possam incorporar Fuller e refletir a moralidade percebida do Direito Administrativo, nenhuma das decisões oferece uma justificativa clara para essa ideia básica. Que fonte de Direito está envolvida? A questão ganhou grande relevância em 1979, quando a Suprema Corte investigou justamente essa questão no caso *United States v. Caceres*.[178] O caso envolvia vigilância eletrônica, pela Receita Federal, de reuniões que mantinha com determinados contribuintes. A vigilância violava claramente os regulamentos do *Department of Justice*, que exigiam que esse departamento aprovasse previamente qualquer vigilância. Uma vez que o departamento não havia dado sua aprovação, o sujeito vigiado (Caceres) alegou que as gravações e depoimentos relacionados a elas deviam ser excluídos de acordo com o princípio do *Arizona Grocery*. A Corte discordou com o fundamento de que nenhuma disposição legal exigia a exclusão.[179] A cláusula do devido processo não estava implicada, pois Caceres "não pode razoavelmente alegar que ele se baseou no regulamento, ou que sua violação teve qualquer efeito em sua conduta".[180]

---

[177] Para uma visão geral valiosa, ver MERRILL, Thomas W. "The Accardi principle". *George Washington Law Review*, n° 74, 2006, pp. 576-578.
[178] *United States v. Caceres*, 440 U.S. 741 (1979).
[179] *United States v. Caceres*, 440 U.S. 741, 749-750 (1979).
[180] *United States v. Caceres*, 440 U.S. 741, 753 (1979).

Nem o *Administrative Procedure Act* (*APA*) estava envolvido, pois se tratava de "um processo criminal em que o réu busca a aplicação judicial dos regulamentos da agência por meio do princípio da inadmissibilidade".[181] Em um trecho importante, a Corte evidentemente lutou para explicar por que não estava descartando um princípio consagrado de Direito Administrativo:

> O *APA* autoriza o controle judicial e a invalidação da ação da agência que é arbitrária, desarrazoada, um abuso de discricionariedade, ou não está de acordo com a lei, ou toma medidas "sem observância dos procedimentos exigidos por lei". As violações das agências de seus próprios regulamentos, sejam ou não violações da Constituição, podem ser inconsistentes com os padrões de ação da agência que o *APA* instrui os Tribunais a fazer cumprir. Na verdade, algumas de nossas decisões mais importantes que mantêm as agências vinculadas por seus regulamentos foram em casos originalmente trazidos ao abrigo do *APA*.[182]

Em desacordo, o juiz Marshall argumentou que o *Arizona Grocery* estava fundamentado na cláusula do devido processo.[183] Em suas palavras, os casos da Corte refletiam

> um julgamento, central para o nosso conceito de devido processo, de que funcionários do governo, não menos que cidadãos particulares, são obrigados por regras da lei. Onde os interesses individuais estão implicados, a cláusula do devido processo exige que uma agência executiva adote os padrões pelos quais professa sua ação a ser julgada.[184]

---

[181] *United States v. Caceres*, 440 U.S. 741, 754 (1979).
[182] *United States v. Caceres*, 440 U.S. 741, 753-754 (1979). (citações omitidas). [tradução livre].
[183] *United States v. Caceres*, 440 U.S. 741, 758 (1979). (MARSHALL, J., discordando).
[184] *United States v. Caceres*, 440 U.S. 741, 758 (1979). (nota de rodapé omitida).

CAPÍTULO III – A MORALIDADE DO DIREITO: CONSISTÊNCIA...

Sempre que uma agência se afasta das próprias regras, ela está violando o devido processo, pelo menos se as pessoas e interesses são prejudicados como resultado. Como a Corte rejeitou essa conclusão, deixou em aberto duas questões importantes: o princípio do *Arizona Grocery* era frágil? Ele está fundamentado no *APA* e, em caso afirmativo, como exatamente?

Décadas depois do caso *Caceres*, o princípio permanece intacto. O Supremo Tribunal não demonstrou interesse em reexaminá-lo. Com certeza, seu domínio exato permanece em disputa. Nos Tribunais inferiores, existe um acordo geral, embora não universal, de que o princípio se aplica apenas a regras legislativas que têm força de lei, e que as agências não precisam cumprir regras interpretativas ou declarações gerais de política.[185] Também há questões sobre se e quando a existência do princípio do *Arizona Grocery*, e uma reclamação com base nesse princípio, são suficientes para fornecer uma base para controle judicial quando tal base estiver ausente. Apesar dos debates contínuos sobre questões desse tipo, o princípio básico está assegurado.

O caso *Arizona Grocery* reflete claramente a insistência de Fuller de que um sistema jurídico, para ser considerado como tal, deve mostrar "congruência entre as regras anunciadas e sua aplicação real". A congruência parece estar no cerne da moralidade interna do Direito Administrativo – uma afirmação que é enfatizada pela evidente dificuldade de justificar o *Arizona Grocery* em referência a fontes legais padrão. Sem se referir a Fuller (mas usando sua linguagem), o Professor Thomas Merrill expressa isso sem rodeios: "a resposta mais honesta é que ele é apenas um daqueles postulados compartilhados do sistema jurídico que não podem ser atribuídos a qualquer disposição da lei promulgada".[186] Em sua opinião, o *Arizona Grocery* faz parte de um conjunto de "premissas fundamentais para as operações de nosso sistema jurídico",

---

[185] Ver BREYER, Stephen G. et al. *Administrative law and regulatory policy*. New York: Wolters Kluwer, 2017, pp. 420–421,

[186] Ver BREYER, Stephen G. et al. *Administrative law and regulatory policy*. New York: Wolters Kluwer, 2017, p. 598. [tradução livre].

servindo como "princípios constitucionais, no sentido de 'c' minúsculo do termo".[187] Talvez. Mas a questão permanece: que disposição legal exige o caso *Arizona Grocery*?

Poderíamos imaginar casos em que o desvio das regras pode violar a cláusula do devido processo. Se a liberdade ou o interesse de propriedade estiverem em jogo, se as pessoas confiarem razoavelmente em uma regra e se o governo abandonar a regra em uma base *ad hoc*, uma contestação de devido processo pode ter força. Também poderíamos imaginar casos em que tais desvios seriam arbitrários ou desarrazoados. Mas poderíamos facilmente imaginar casos em que tais desvios não levantariam nenhum problema de devido processo e seriam perfeitamente razoáveis. Seria difícil defender a ideia de que, por definição, os desvios das regras existentes se qualificam como arbitrários. Talvez uma agência tenha percebido que, quando aplicada, uma regra faz mais mal do que bem, e que a aplicação de uma lei protegendo (digamos) a segurança alimentar é uma boa ideia, embora a regra contenha uma exceção. Também é verdade que o *APA* permite que os Tribunais derrubem as ações das agências que sejam inconsistentes com os procedimentos legalmente exigidos. Mas será que os desvios das regras também contam dessa forma? Seria questionável afirmar que sim.

Se precisamos de uma fonte de Direito Positivo, o melhor argumento seria o seguinte. O *APA* define regras legislativas como aquelas "de aplicabilidade geral ou particular e efeito futuro".[188] Essas regras também têm força de lei. Se as regras legislativas têm força de lei e "efeito futuro", então é lógico que as agências as sigam. Está embutido na natureza das regras legislativas que elas vinculem as agências até que sejam modificadas ou revogadas.

O argumento pode parecer plausível, mas não é claramente convincente. Uma regra pode ter "efeito futuro" mesmo que as agências se sintam livres para não segui-la, em ocasiões em que não seja arbitrário

---

[187] Ver BREYER, Stephen G. et al. *Administrative law and regulatory policy*. New York: Wolters Kluwer, 2017, p. 599. [tradução livre].

[188] EUA. *5 U.S. Code*, § 551 (4), (2012). [tradução livre].

para elas agir dessa forma; a agência seria presumivelmente obrigada a apresentar razões adequadas para o desvio, de modo que a regra ainda estaria moldando as obrigações legais da agência. O Professor Merrill está certo ao afirmar que a decisão do caso *Arizona Grocery* é uma daquelas "premissas fundamentais para as operações de nosso sistema jurídico".[189] O que estamos agregando é que a premissa básica, embora não esteja claramente radicada em qualquer fonte explícita de Direito Positivo, está longe de ser aleatória. É uma compreensão da moralidade interna do Direito Administrativo.

A deferência *Auer*

Voltemos agora a um lugar inesperado para encontrar a justificativa da moralidade interna do Direito: a deferência *Auer* a respeito das interpretações das agências de suas próprias normas. *Auer* tem sido um lugar de grande oposição e contestação, e os céticos se opuseram à justificativa subjacente das decisões que o precederam e deram origem a ele.[190] Alguns juízes e comentaristas pediram a abolição de *Auer* por completo, muitas vezes com referência a um distanciamento dos propósitos originais da *Constituição no exílio*.[191] Na visão deles, a ideia de que as agências podem interpretar seus próprios regulamentos é uma fórmula para o autoritarismo.

---

[189] MERRILL, Thomas W. "The Accardi principle". *George Washington Law Review*, nº 74, 2006, p. 599. [tradução livre].

[190] Ver, e.g., *Perez v. Mortgage Bankers Association*, 135 S. Ct. 1199, 1210 (2014). (ALITO, J., concordando); MANNING, John F. "Constitutional structure and judicial deference to Agency Interpretations of Agency Rules". *Columbia Law Review*, nº 96, 1996.

[191] *Perez v. Mortgage Bankers Association*, 135 S. Ct. 1199, 1213 (2014). (SCALIA, J., concordando no julgamento); ver *Perez v. Mortgage Bankers Association*, 135 S. Ct. 1199, 1255 (2014). (THOMAS, J., concordando no julgamento); LESKE, Kevin O. "A rock unturned: justice Scalia's (unfinished) crusade against the Seminole Rock deference doctrine". *Administration Law Review*, nº 69, 2017.

Voltaremos para a questão em detalhes no capítulo 5. Por enquanto, observe que, antes do mandato de outubro de 2018, havia grande expectativa de que a Corte pudesse anular *Auer*, como foi solicitado no caso *Kisor v. Wilkie*. Mas, em uma rejeição marcante do *New Coke* e das críticas mais radicais à deferência judicial, a Corte se recusou a fazê-lo. A juíza Kagan, escrevendo para cinco juízes sobre esses pontos, disse que a deferência *Auer* é seguramente parte do Direito americano, dentro de seus limites, e também estabeleceu uma série de limites e condições processuais para tal deferência que se encaixam perfeitamente na abordagem de Fuller e com o quadro geral aqui apresentado. Retornaremos a essa questão posteriormente, mas, por enquanto, nos concentramos no que a juíza Kagan descreveu como condições procedimentais de deliberação, consistência e respeito pelos *reliances interests*. Essas condições são notavelmente fullerianas:

> [Um] Tribunal deve recusar-se a reconhecer uma simples "postura litigante conveniente" ou uma "racionalização *post hoc* promovida" para "defender a ação passada da agência contra ataques". E um Tribunal não pode reconhecer uma nova interpretação, introduzida ou não em um litígio, que crie "surpresa injusta" para as partes reguladas... Essa ruptura de expectativas pode ocorrer quando uma agência substitui uma visão de uma regra por outra. Portanto, raramente se tem aplicado a deferência *Auer* a formulações de agências que entrem "em conflito com uma formulação anterior". Ou a quebra da confiança pode acontecer sem essa mudança interpretativa explícita. Este Tribunal, por exemplo, recentemente recusou-se a reconhecer uma interpretação que teria imposto uma responsabilidade retroativa às partes por uma conduta de longa data que a agência nunca havia abordado... Aqui também a falta de "advertência justa" superou as razões para aplicar a deferência *Auer*.[192]

Essa abordagem procedimentalista não era inovadora; de fato, a juíza Kagan fez questão de observar que ela estava meramente reafirmando e

---

[192] *Kisor v. Wilkie*, 139 S. Ct. 2400, 2417-2418 (2019).

CAPÍTULO III – A MORALIDADE DO DIREITO: CONSISTÊNCIA...

expandindo as limitações já presentes na jurisprudência.[193] O precursor imediato de *Kisor v. Wilkie* foi o caso *Perez v. Mortgage Bankers*, em que seis juízes – incluindo o presidente da Corte e o juiz Kennedy – expuseram um conjunto de restrições sobre *Auer*, incluindo de forma proeminente uma ênfase sobre sua consistência.[194] No caso *Kisor* e *Mortgage Bankers*, a Corte não explicou por que, exatamente, interpretações inconsistentes ao longo do tempo são especialmente problemáticas em um cenário de deferência *Auer*[195] (a visão oficial no cenário relacionado da deferência *Chevron* é que a inconsistência da interpretação da agência ao longo do tempo não é um problema e é, de fato, totalmente compatível com os fundamentos da deferência *Chevron*).[196] Em geral, três razões são possíveis: *arbitrariedade, imprecisão* e *confiança*.

Em primeiro lugar, as interpretações em constante mudança sugerem um tipo de arbitrariedade intencional, aumentando, por sua vez, a possibilidade de que as decisões da agência sejam movidas por circunstâncias variáveis e oportunismo político em vez de visões duradouras sobre política. Essa preocupação é reforçada em um cenário *Auer*, dado os custos relativamente baixos de ajustar as interpretações ao longo do tempo, sem passar pelo processo de aviso e comentário.

Em segundo lugar, regras que mudam rapidamente são, em certo sentido, tão obscuras quanto regras que são intrinsecamente vagas ou ambíguas. Por mais específica que seja a regra, se ela mudar minuto

---

[193] *Kisor v. Wilkie*, 139 S. Ct. 2400, 2410 (2019).

[194] *Perez v. Mortgage Bankers Association*, 135 S. Ct. 1199 (2014).

[195] Nem o faz o precedente subjacente. *Mortgage Bankers* aqui seguiu *Thomas Jefferson University v. Shalala*, 512 U.S. 504 (1994), que por sua vez seguiu *Immigration and Naturalization Service v. Cardozo-Fonseca*, 480 U.S. 421 (1987), que por sua vez seguiu *Watt v. Alaska*, 451 U.S. 259 (1981), que por sua vez seguiu *General Electric Co. v. Gilbert*, 429 U.S. 125 (1976). Surpreendentemente, em nenhum lugar dessa linha de precedentes é oferecido qualquer fundamento lógico ou legal para o princípio de que interpretações inconsistentes das regulamentações pelas agências merecem menos deferência. Isso sugere que os juízes estão aqui respondendo a uma espécie de intuição sobre a moralidade interna do Direito Administrativo.

[196] *National Cable & Telecommunications Association v. Brand X Internet Services*, 545 U.S. 967 (2005).

a minuto, os custos para as entidades reguladas de conhecer seus direitos e deveres tornam-se proibitivos, ocorrendo o mesmo com uma regulamentação imutável completamente opaca. Lembre-se aqui da preocupação de Fuller em "introduzir mudanças tão frequentes nas regras que o sujeito não pode orientar sua ação por elas".

Terceiro, onde o planejamento econômico ou outros *reliance interests* estão envolvidos, uma mudança no cenário regulatório é um problema sério. Isso levanta a questão de se a lei deve colocar o ônus de antecipar a mudança nas empresas regulamentadas e outras partes. E, de fato, a Corte sustentou explicitamente que quando a interpretação de uma agência derrota os *reliance interests*, impondo custos significativos ao setor privado, a deferência *Auer* é inaplicável:

> submeter-se à interpretação da agência nesta circunstância prejudicaria seriamente o princípio de que as agências deveriam fornecer uma "advertência justa às partes sobre a conduta [um regulamento] proibida ou exigida". De fato, isso resultaria precisamente no tipo de "surpresa injusta" contra a qual nossos casos há muito alertam.[197]

É óbvio que as afirmações de Fuller sobre a moralidade do Direito estão sendo trazidas a efeito aqui.[198]

---

[197] Ver *Christopher v. SmithKline Beecham Corp.*, 132 S. Ct. 142 (2012), primeiro citando *Gates & Fox Co. v. Occupational Safety & Health Review Commission*, 790 F.2d 154, 156 (District of Columbia Circuit, 1986) e depois citando *Long Island Care at Home, Ltd. v. Coke*, 551 U.S. 158, 170–171 (2007). [tradução livre].

[198] Na verdade, o ramo executivo tem seguido essa mesma abordagem para fins internos. Ver *Executive Order 13892* (October 9, 2019): "*Sec. 4. Fairness and Notice in Administrative Enforcement Actions and Adjudications*. Quando uma agência toma uma ação de execução administrativa, se engaja em adjudicação ou de outra forma institui uma determinação que tem consequências legais para uma pessoa, ela pode aplicar apenas padrões de conduta que tenham sido declarados publicamente de uma maneira que não causasse surpresa injusta. Uma agência deve evitar surpresa injusta não apenas quando impõe penalidades, mas também sempre que julga que uma conduta passada violou a lei". [tradução livre].

CAPÍTULO III – A MORALIDADE DO DIREITO: CONSISTÊNCIA...

Há uma literatura substancial sobre essas questões em direito e economia.[199] Para nossos propósitos, tudo que precisamos observar é que a decepção com os *reliance interests* soa à retroatividade, e à banalidade de que, sob certas condições, a pura indeterminação e inconsistência administrativa podem piorar ainda mais a situação do que seria o caso, mesmo se a agência aderisse consistentemente a uma regra insuficiente.

Se a deferência *Auer* não se aplica às interpretações das agências, o que se aplica? A posição alternativa é a deferência *Skidmore*, que é considerada "persuasiva" em vez de autoritativa.[200] Sob *Skidmore*, os Tribunais examinam "a profundidade evidente na consideração [da agência], a validade de seu raciocínio, sua consistência com pronunciamentos anteriores e posteriores e todos aqueles fatores que lhe dão poder de persuadir, se não tiver poder de controle".[201] Na importante dimensão da consistência, então, a escolha entre *Auer* e *Skidmore* é doutrinariamente irrelevante; a inconsistência opera contra a agência em ambas as abordagens. A escolha entre os dois casos é, a esse respeito, uma questão de baixo risco após o caso *Kisor*, que esclareceu que a maioria da Corte atual não está disposta a ignorar a deferência *Auer*, mas está disposta a cercá-la com restrições fullerianas, incluindo uma preferência pela consistência e proteção dos *reliance interests*.

No litígio que produziu o caso *Mortgage Bankers*, o Tribunal inferior (Corte de Apelações dos Estados Unidos para o Circuito do Distrito de Colúmbia) aplicou sua própria doutrina de longa data, estabelecida pelo caso *Paralyzed Veterans*, que considerou que uma vez que uma agência emite uma interpretação "definitiva" de seu próprio regulamento, qualquer nova interpretação teria que passar pelo processo de notificação e comentários.[202] O Tribunal, com toda a razão, rejeitou

---

[199] Ver, e.g., CHANGES, Saul Levmore. "Anticipations, and reparations". *Columbia Law Review*, nº 99, 1999.
[200] *Skidmore v. Swift & Co.*, 323 U.S. 134 (1944).
[201] *Skidmore v. Swift & Co.*, 323 U.S. 134, 140 (1944).
[202] *Paralyzed Veterans of America. v. D.C. Arena L. P.*, 117 F.3d 579 (District of Columbia Circuit, 1997).

esta inovação de imediato, observando que era inconsistente com o texto explícito do *APA*, que diz que "regras interpretativas" (evidentemente incluindo aquelas que são novas ou alteradas) estão isentas do processo de notificação e comentários. No entanto, o Tribunal também deixou claro que a abordagem do Circuito de D.C. respondeu a questões reais, principalmente de confiança. Acontece que o Circuito de D.C. escolheu um meio doutrinário inadmissível para articular essas questões.

Qual era o meio correto? Além de citar a inconsistência ao longo do tempo como uma razão para reduzir o nível da deferência *Auer*, a Corte, no caso *Mortgage Bankers*, citou duas outras considerações. Primeiro, o próprio Congresso pode, legalmente, definir e limitar a autoridade das agências para alterar as interpretações ao longo do tempo. Voltaremos a essa classe de questões no capítulo 4, onde perguntamos se a moralidade interna do Direito Administrativo implica necessariamente que os Tribunais devam impor suas próprias visões do que essa moralidade acarreta nas agências ou, em vez disso, devam deixar a avaliação do que a moralidade jurídica exige para o Congresso e para as agências.

Em segundo lugar, a Corte observou que as próprias revisões arbitrárias e instáveis eram a prova do comportamento inconsistente das agências ao longo do tempo. No caso *FCC v. Fox*, o juiz Scalia redigiu a opinião da Corte rejeitando a alegação de que as agências deveriam fornecer uma justificativa para uma nova política que mostre ser melhor do que a política antiga das agências.[203] As agências precisam apenas mostrar que a nova política é permissível de acordo com a lei e são elas próprias apoiadas por razões válidas. Crucialmente, no entanto, o juiz Scalia advertiu que as agências não podem "se desviar de uma política anterior *sub silentio* ou simplesmente desconsiderar regras que ainda estão nos livros" e detalhou alguns casos em que seria necessária uma justificativa elevada: onde repousa a "nova política da agência sobre constatações factuais que contradizem aquelas que fundamentam sua política anterior" e quando sua "política anterior gerou sérios *reliance*

---

[203] *Federal Communications Commission v. Fox Television Stations, Inc.*, 556 U.S. 502 (2009).

CAPÍTULO III – A MORALIDADE DO DIREITO: CONSISTÊNCIA...

interests que devem ser levados em consideração".[204] A desaprovação de saídas *sub silentio* pode estar ligada ao caso *Allentown Mack* e a uma insistência fulleriana na transparência, bem como com proteção de expectativas razoáveis.

A concordância do juiz Kennedy e a dissidência do juiz Breyer também enfatizaram os *reliance interests*.[205] A importância dos *reliance interests*, embora afirmado em *dictum* no caso *Fox*, logo adquiriu caráter vinculante. Em uma opinião subsequente, no caso *Encino Motorcars LLC v. Navarro*, o juiz Kennedy redigiu a opinião da Corte e anulou uma ação da agência por ela não ter explicado adequadamente o abandono de uma regra utilizada anteriormente, observando o dano causado pela nova regra aos *reliance interests*.[206] Dois juízes discordaram, mas por outros motivos.

Portanto, parece haver um amplo consenso no Tribunal para a proposição de que a revisão da arbitrariedade deve impor um ônus elevado de justificação às agências quando "*reliance interests* importantes" estão em jogo, tanto na adjudicação quanto na regulamentação. Embora o caso *Fox* envolvesse a adjudicação de uma agência, o raciocínio da Corte não se limitou a esse contexto.[207] No caso *Smiley v. Citibank*, outra opinião do juiz Scalia citada em *Fox*, invocou o mesmo princípio, embora como *dictum*.[208] O caso *Encino*, no qual a questão dos *reliance interests* adquiriu um caráter vinculante, implicou a regulamentação É, portanto, justo considerar como doutrina estabelecida que as agências devem levar em conta os *reliance interests* importantes para sobreviver

---

[204] *Federal Communications Commission v. Fox Television Stations, Inc.*, 556 U.S. 502 (2009).

[205] *Federal Communications Commission v. Fox Television Stations, Inc.*, 556 U.S. 502, 536 (2009). (KENNEDY, J., concordando); *Federal Communications Commission v. Fox Television Stations, Inc.*, 556 U.S. 502, 549 (2009). (BREYER, J., discordando).

[206] *Encino Motorcars, LLC v. Navarro*, 136 S. Ct. 2117 (2016); *Encino Motorcars, LLC v. Navarro*, 136 S. Ct. 2117, 2126 (2016).

[207] Ver *Federal Communications Commission v. Fox Television Stations, Inc.*, 556 U.S. 502, 515 (2009).

[208] *Smiley v. Citibank (South Dakota), National Association*, 517 U.S. 735 (1996); *Smiley v. Citibank (South Dakota), National Association*, 517 U.S. 735, 742 (1996).

à revisão de arbitrariedade, qualquer que seja a escolha da agência em relação à formulação de políticas.

Curiosamente, no entanto, a base jurídica completa para o princípio não é explicitada em nenhum dos casos. Certamente podemos imaginar um sistema jurídico contrafactual, mas não remoto, no qual os *reliance interests* não sejam utilizados para exigir justificações ainda maiores das agências. O modelo para essa abordagem seria a primeira parte de *Fox*, na qual o juiz Scalia, ao redigir a opinião da Corte, negou que uma mudança nas políticas em curso exija, em geral, maiores justificações do que a adoção de uma nova política.[209] Nessa abordagem, desde que as agências apresentem uma justificativa adequada para a nova política, os *reliance interests* não estariam em questão, e as partes reguladas arcariam com todo o ônus de se anteciparem e se ajustarem às mudanças regulatórias. De fato, na medida em que as partes reguladas estejam melhor posicionadas para arcar com esses custos, pode-se favorecer esse regime.

Certamente não pretendemos dizer que tal regime seria superior ao consagrado na lei atual, na qual os *reliance interests* realmente importam na revisão da arbitrariedade. Pelo contrário, preferimos a legislação atual. Mas não há uma quantidade de repetição da frase "arbitrário e desarrazoado" que exclua tal regime contrafactual. Os textos legais positivos existentes, como o *APA* e a Constituição, não resolvem claramente a questão de uma forma ou de outra, e os juízes têm feito surpreendentemente pouco para explicitar suas intuições a esse respeito. Aqui, seria correto considerar que os juízes confiam nas intuições fullerianas não articuladas sobre a moralidade interna do Direito Administrativo, em particular, na sua preocupação sobre "mudanças frequentes nas regras, de modo que as pessoas não sejam capazes orientar suas ações de acordo com elas". Quer essas intuições sejam corretas ou não, compreender a doutrina dessa maneira pelo menos mostra o que ela tem de melhor.

---

[209] *Federal Communications Commission v. Fox Television Stations, Inc.*, 556 U.S. 502, 515 (2009). Segundo a doutrina atual, isso ainda é verdade onde não há problema de confiança e nenhuma outra exceção se aplica. Ver *Encino Motorcars, LLC v. Navarro*, 136 S. Ct. 2117, 2128 (2016). (GINSBURG, J., concordando); *Federal Communications Commission v. Fox Television Stations, Inc.*, 556 U.S. 502, 514 (2009).

CAPÍTULO III – A MORALIDADE DO DIREITO: CONSISTÊNCIA...

A deferência *Chevron*

Até agora, vimos que, de acordo com a doutrina atual, a Corte leva em consideração a consistência e a confiança tanto no ajuste do grau da deferência *Auer* quanto no ajuste das demandas de revisão de arbitrariedade. O panorama com respeito à deferência *Chevron* é diferente, embora talvez menos diferente do que algumas decisões sugerem. Aqui, a abordagem fulleriana está em tensão com a doutrina atual, mas pode ser tomada tanto como um apoio para uma abordagem mais antiga quanto como uma explicação da prática atual.

Para tornar as coisas concretas, suponha que, durante o mandato do presidente Barack Obama, a *Environmental Protection Agency* tenha interpretado leis ambíguas de maneira diferente de como o fez durante o governo de George W. Bush. Talvez tenha tomado uma posição firme contra os gases do efeito estufa, preocupada como estava com as mudanças climáticas. Em seguida, suponha que no governo do presidente Donald Trump a *Environmental Protection Agency* interprete leis ambíguas de maneira diferente de como fizera no governo Obama. Talvez não queira se posicionar fortemente contra os gases de efeito estufa, pois está preocupada em reduzir a carga regulatória sobre a economia americana.

Esses exemplos não são hipotéticos. Interpretações significativas mudaram do governo Bush para o governo Obama e, em seguida, mudaram novamente durante o governo Trump. Algumas dessas mudanças, e as mais amplamente divulgadas, envolveram compromissos políticos. Alguns deles envolviam expertise e novos entendimentos dos fatos; eles eram de natureza técnica. Se a interpretação de uma lei muda de uma administração para outra, ou de um ano para outro, há um problema? A deferência a órgãos administrativos em questões de direito não começou em 1984; pelo contrário, é muito anterior ao caso *Chevron*. Os precursores têm sido identificados desde o início do século XX (considere-se a manifestação frustrada de Lord Coke, em um discurso no Parlamento em 1628, de que "em caso de dúvida, a interpretação sempre vai para o rei").[210] Na década de 1940 – imediatamente antes da promulgação do *APA* –, a Suprema Corte reconheceu as interpretações das agências em ocasiões importantes.[211] O ponto importante aqui é que a linha da jurisprudência após a Segunda Guerra Mundial, a qual respaldou a deferência às agências em questões de legislação, às vezes alertava para a consistência da agência como um motivo para a deferência, embora essa visão fosse em si mesma inconsistente.[212] Essa preferência pela consistência geralmente carecia de uma base teórica. A justificativa mais explícita era a ideia intencionalista ou originalista de que se uma agência adotou uma interpretação logo após uma nova lei ser promulgada e aderiu consistentemente a essa interpretação ao longo do tempo, provavelmente captou as intenções da legislatura em vigor.[213]

Mesmo depois que o caso *Chevron* foi decidido em 1984, porém, o status doutrinário da preferência por uma interpretação consistente das agências não ficou claro. Os principais fundamentos da decisão do caso *Chevron*, a *expertise* e a *accountability* política, obviamente não tornam a consistência um elemento válido ou mesmo relevante. Na verdade, o próprio caso *Chevron* envolveu inconsistência, na forma de uma mudança repentina na interpretação de "fonte" do governo Carter para o governo Reagan. Apoiando essa mudança, a Corte parece não ter considerado a inconsistência como algo importante.[214]

---

[210] TOMKINS, Adam. *Our Republican Constitution*. New York: Oxford University Press, 2005, p. 87.

[211] *Gray v. Powell*, 314 U.S. 402, 412 (1941); *National Labor Relations Board v. Hearst Publications, Inc.*, 322 U.S. 111, 127 (1944).

[212] A esse respeito, *Skidmore v. Swift & Co.*, 323 U.S. 134, 140 (1941), estava rastreando uma prática mais ampla ao se referir à "consistência com pronunciamentos anteriores e posteriores".

[213] Ver *Pittston Stevedoring Corp. v. Dellaventura*, 544 F.2d 35, 49–50 (2nd Circuit, 1976).

[214] Escrevendo não muito depois de *Chevron*, o juiz Scalia abordou diretamente a questão e disse que a inconsistência não era mais importante. Ver SCALIA, Antonin. "Judicial deference to administrative interpretations of law". *Duke Law Journal*, nº 3, 1989.

CAPÍTULO III – A MORALIDADE DO DIREITO: CONSISTÊNCIA...

Se enfatizarmos a *expertise* das agências, uma preferência pela consistência pode parecer fazer sentido se houver um consenso tecnocrático sólido. Mas essa preferência também pode se revelar sem sentido caso torne mais difícil, para os especialistas, atualizar o papel da agência em face de novos conhecimentos e de mudanças nas circunstâncias. A *accountability* política sugere que a preferência pela consistência é uma má ideia. O objetivo principal da *accountability* política é permitir novas orientações políticas à medida que as administrações presidenciais se sucedem umas às outras. Na jurisprudência sobre revisão de arbitrariedade, a *accountability* política tem sido tipicamente citada como razão para permitir que as agências mudem suas políticas ao longo do tempo.[215]

Os casos posteriores a *Chevron* abandonaram expressamente a preferência pela consistência. Nominalmente, a lei atual é que a consistência da agência não existe para fins da deferência *Chevron*.[216] No caso *Smiley v. Citibank,* em 1996, o juiz Scalia, redigindo a opinião da Corte, afirmou que a inconsistência não remove o direito de uma agência à deferência *Chevron*, que de outra forma existiria, observando que "toda a questão da *Chevron* é deixar com a agência de implementação a discricionariedade gerada pelas ambiguidades de uma lei".[217] Em 2005, o entendimento do juiz Thomas no caso *National Cable & Telecommunications Assn v. Brand X Internet Services* confirma e amplia esse ponto. Observando que o próprio caso *Chevron* adiou uma mudança recente na política da agência, a Corte deixou explícito que:

> [uma] inconsistência da agência não é uma base para recusar a análise da interpretação da agência a partir do regime da doutrina

---

[215] Ver, e.g., *Motor Vehicle Manufacturers Association v. State Farm Mutual Automobile Insurance Co.*, 463 U.S. 29 (1983). (REHNQUIST, J., concordando em parte, discordando em parte). "Uma mudança na administração provocada pelas pessoas que lançam seus votos é uma base perfeitamente razoável para uma reavaliação de uma agência executiva dos custos e benefícios de seus programas e regulamentos". [tradução livre].

[216] Ver *National Cable & Telecommunications Association v. Brand X Internet Services*, 545 U.S. 967 (2005).

[217] *Smiley v. Citibank (South Dakota), National Association*, 517 U.S. 735, 742 (1996).

Chevron. A inconsistência inexplicável é, no máximo, um motivo para considerar uma interpretação como sendo uma mudança arbitrária e desarrazoada da prática da agência nos termos do *Administrative Procedure Act*.[218]

No nível teórico, a posição atual faz muito sentido. Há, porém, uma consideração importante que caminha na direção contrária: o comportamento judicial real.[219] Embora nenhum caso subsequente tenha negado a regra expressamente estabelecida no caso *Brand X*, as opiniões dos Tribunais federais têm ocasionalmente alertado para a consistência como um fator da doutrina *Chevron*, em benefício da deferência – e algumas dessas opiniões vieram da Suprema Corte.[220] Esse tipo inexplicável de inconsistência-da-consistência confunde as regras nominais. Em um estudo englobando um grande número de casos, o trabalho esclarecedor dos professores Chris Walker e Kent Barnett mostra que os juízes, na verdade, tendem a acatar mais pesadamente as interpretações consistentes das agências:

> Uma vez aplicada a *Chevron*, a duração da interpretação parece importar, embora a natureza dessa relação não seja clara. Interpretações de longa data prevaleceram em 87,6% do tempo, aproximadamente treze e quatorze pontos percentuais mais frequentemente do que novas interpretações e do que aquelas de duração incerta, respectivamente, e vinte e dois pontos

---

[218] *National Cable & Telecommunications Association v. Brand X Internet Services*, 545 U.S. 967, 981 (2005).

[219] Ver BARNETT, Kent; WALKER, Christopher J. "Chevron in the Circuit Courts". *Michigan Law Review*, nº 116, 2017, pp. 64-66.

[220] Ver, e.g., *Cuozzo Speed Technologies., LLC v. Lee*, 136 S. Ct. 2131, 2145 (2016) referindo-se ao uso de longa data pelo *Patent Office* de uma certa interpretação como um fator que sustenta sua razoabilidade sob o passo dois de *Chevron*. Para ser justo, se alguém acredita – como muitos acreditam – que a etapa dois de *Chevron* é mais bem entendida como revisão de arbitrariedade com outro nome, então essa referência faz sentido doutrinário; vimos que a consistência é uma consideração válida na revisão de arbitrariedade. Mas esse é o ponto: não obstante a *Brand X*, a Corte simplesmente não é totalmente clara ou consistente sobre o papel da consistência em *Chevron*.

CAPÍTULO III – A MORALIDADE DO DIREITO: CONSISTÊNCIA...

percentuais mais frequentemente do que interpretações emergentes. Contabilizar a longevidade de uma interpretação no processo de deferência, apesar de parecer contrário à própria doutrina *Chevron*, seria consistente com os Tribunais pensando a deferência em uma escala móvel (...).[221]

O ponto interessante aqui é a discrepância entre a lei nos livros e a lei em ação. Em abstrato, muitas explicações são possíveis. O conjunto de dados usado por Walker e Barnett começa em 2003 e termina em 2013, depois do caso *Smiley v. Citibank*, mas abrangendo o pronunciamento do caso *Brand X*.[222] Talvez a regra do caso *Brand X* não tenha sido adotada durante uma parte desse período; cada decisão da Suprema Corte só passa a influenciar o sistema jurídico depois de um certo tempo. Outra possibilidade é que os juízes educados e treinados em uma época anterior, antes que *Brand X* rejeitasse qualquer função para a consistência nos termos da *Chevron*, estão aplicando a consistência como um fator real, apesar das regras nominais. Mas sugerimos um tipo diferente de explicação: a abordagem do *Brand X* pode simplesmente estar em contradição com as intuições fullerianas sobre a consistência ao longo do tempo como um componente da moralidade intrínseca do Direito, intuições que influenciam os juízes mesmo quando as regras nominais são diferentes.

Dois quebra-cabeças

Passamos agora a dois quebra-cabeças, o do devido processo legal e o da moralidade do Direito Administrativo. Ambos são casos em que as normas do Direito Administrativo são atribuídas, vagamente, ao "devido processo" de uma forma superficial e juridicamente duvidosa ou pouco

---

[221] BARNETT, Kent; WALKER, Christopher J. "Chevron in the Circuit Courts". *Michigan Law Review*, n° 116, 2017, p. 65.
[222] BARNETT, Kent; WALKER, Christopher J. "Chevron in the Circuit Courts". *Michigan Law Review*, n° 116, 2017, p. 5.

convincente, embora amplamente atraente. Em tais casos, sugerimos que os juízes possuem intuições amplamente compartilhadas e confusas sobre a moralidade interna do Direito Administrativo e recitam o "devido processo" como uma espécie de abreviatura ou substituto para tais intuições. Nesses casos, nenhum dos princípios concretos de Fuller está presente. Mas, de maneira bastante ampla, o pensamento fulleriano sobre o Estado de Direito, e sobre o que faz um sistema jurídico ser considerado como tal, exerce uma influência inconfundível.

1. *Adjudicação formal e justiça por telefone.* Justiça por telefone é um termo da era soviética; a mesa do juiz soviético teria dois telefones, um preto para assuntos regulares e um vermelho para ligações especiais do Partido Comunista. Isso ocorre quando o Executivo intervém diretamente na adjudicação formal, como entre partes particulares, por meio de uma comunicação *ex parte* instruindo o juiz a decidir de uma forma ou de outra. Em termos dos oito princípios de Fuller, a justiça por telefone ameaça exemplificar o "fracasso em definir regras, de modo que cada questão [seja] decidida em uma base *ad hoc*".[223] Legalmente falando, ela levanta duas questões distintas, mas relacionadas: contatos *ex parte* de terceiros com os juízes e o chamado "poder diretivo" do presidente sobre o Estado Administrativo. As duas questões não se sobrepõem necessariamente, mas a justiça por telefone é sua intersecção.

Justiça por telefone certamente é algo inadmissível nos Tribunais do artigo III, onde o presidente não tem poder diretivo nenhum. Um componente essencial da independência judicial é a liberdade da direção executiva na adjudicação formal no Tribunal. A questão muito mais difícil é se a justiça por telefone é inadmissível na adjudicação administrativa formal especialmente nas principais agências do Poder Executivo. É tentador, mas equivocado, traçar uma equivalência acrítica entre a adjudicação judicial e o administrativo no que diz respeito à direção pelo Executivo.

---

[223] Ver FULLER, Lon L. *The morality of law.* Revised edition, New Haven: Yale University Press, 1969, p. 39.

CAPÍTULO III – A MORALIDADE DO DIREITO: CONSISTÊNCIA...

A equivalência é problemática porque toda adjudicação administrativa é, do ponto de vista do Direito Constitucional, um exercício de Poder Executivo, não de Poder Judiciário. Como alternativa, a adjudicação administrativa pode ser vista como a aplicação (preliminar) das leis aos fatos, uma tarefa executiva central. De fato, se os funcionários administrativos exercessem o poder judiciário nos Estados Unidos, investidos de tal poder pelos Tribunais com base no artigo III, tal exercício seria inconstitucional. Assim, a Suprema Corte observou em *City of Arlington v. FCC* que:

> As agências estabelecem regras ("o gado particular pode ser pastoreado nas terras públicas X, Y e Z sujeito a certas condições") e conduzem as adjudicações ("esta autorização de pastoreio do fazendeiro foi revogada por violação das condições") e têm feito isso desde o início da República. Essas atividades assumem formas "legislativas" e "judiciais", mas são exercícios – na verdade, em nossa estrutura constitucional devem ser exercícios – do "Poder Executivo".[224]

Sob esse ponto de vista, é quase evidente que o presidente não está autorizado a orientar os responsáveis pela adjudicação administrativa, pelo menos nas agências do Poder Executivo, em oposição às agências independentes. Essa distinção atravessa a divisão regulamentação-adjudicação; o presidente tampouco pode direcionar a regulamentação feita por agências independentes. Podemos facilmente imaginar um sistema jurídico contrafactual no qual o presidente poderia, em virtude da investidura do Poder Executivo com base no artigo II, intervir à vontade até mesmo na adjudicação administrativa formal, direcionando o exercício do poder executivo realizado pelas agências.

Na verdade, porém, este não é o nosso mundo. Mesmo em *Myers v. United States*, sem dúvida o ponto alto do Poder Executivo nos *United*

---

[224] *City of Arlington v. Federal Communications Commission*, 569 U.S. 290 (2013); *City of Arlington v. Federal Communications Commission*, 569 U.S. 290, nota 4, 304 (2013). [tradução livre].

States Reports, a Corte teve o cuidado de limitar o poder de direção do presidente para proteger a adjudicação formal dentro do Executivo.[225] O presidente da Corte, o juiz Taft, observou que "pode haver obrigações de caráter quase-judicial impostas a oficiais executivos e membros de Tribunais executivos cujas decisões, após audiência, afetem interesses de indivíduos, não podendo o presidente, nesses casos, influenciá-los ou controlá-los".[226]

A jurisprudência moderna tem seguido consistentemente o mesmo caminho. Em *Sierra Club v. Costle*, o Circuito de D.C. adotou uma visão ampla da autoridade presidencial para intervir na regulamentação informal (notificação e comentário), mas observou em *dictum* que

> pode haver casos em que o registro de conversas entre o Presidente ou sua equipe e outros funcionários ou reguladores do Poder Executivo seja necessário para garantir o devido processo. Isso pode ser verdade, por exemplo, quando tais conversas dizem respeito diretamente ao resultado de adjudicações ou quase-adjudicações; não há inerente poder executivo para controlar os direitos dos indivíduos nesses casos.[227]

O *dictum* de *Costle* se tornou vinculante em *Portland Audubon v. Endangered Species Committee*.[228] No caso *Portland Audubon*, a Corte de Apelações dos Estados Unidos para o 9º Circuito considerou a intervenção presidencial em adjudicação administrativa formal como um ato *ex parte* nos termos das seções 557 (a) e (d) do *APA*, e que não está constitucionalmente imune às regras *ex parte* por se tratar de exercício de poder diretivo presidencial.[229]

---

[225] *Myers v. United States*, 272 U.S. 52 (1926).

[226] *Myers v. United States*, 272 U.S. 52, 135 (1926).

[227] *Sierra Club v. Costle*, 657 F.2d 298 (District of Columbia Circuit, 1981); *Sierra Club v. Costle*, 657 F.2d 298, 406-407 (District of Columbia Circuit, 1981). [tradução livre].

[228] *Portland Audubon Society. v. Endangered Species*, 984 F.2d 1534 (9th Circuit, 1993).

[229] *Portland Audubon Society. v. Endangered Species*, 984 F.2d 1534, 1546 (9th Circuit, 1993).

CAPÍTULO III – A MORALIDADE DO DIREITO: CONSISTÊNCIA...

Uma característica intrigante de todos os três casos – *Myers, Costle* e *Portland Audubon* – é que a base jurídica deles não é clara ou, na melhor das hipóteses, é altamente contestável. *Costle* e *Portland Audubon* mencionam o devido processo, mas apenas de maneira vaga. *Myers* não apresenta nenhuma base legal. O caso *Portland Audubon* baseou-se fortemente no texto da seção 557 (d), que proíbe contatos *ex parte* de "pessoa(s) interessada(s) de fora da agência", mas isso suscitou a dúvida, pois toda a alegação do presidente era que ele não estava "fora da agência" no sentido legal.[230] O Tribunal rejeitou essa alegação negando que o presidente pudesse direcionar a discricionariedade delegada de seus agentes, exercida na adjudicação.[231] Essa negação assumiu a conclusão que o Tribunal estava tentando provar. Em última análise, *Portland Audubon* baseou-se em uma afirmação contundente, embora circular, de que "os contatos [e]x parte são antitéticos ao próprio conceito de um Tribunal administrativo que chega a decisões imparciais por meio de adjudicação formal".[232]

Dentre as bases sugeridas, o "devido processo" é um reflexo jurídico comum, mas uma breve reflexão sugere que, na melhor das hipóteses, apenas uma emanação penumbral do devido processo pode estar em questão aqui. Tal como com a linguagem do *APA* 557 (d), assim também ocorre com o devido processo: a questão crucial não é se a neutralidade do julgador está comprometida, mas quem, exatamente, deve ser considerado como o julgador. A postura do Executivo, evidentemente, é a de que o julgador da agência está, em última instância, exercendo o próprio poder do presidente para executar a lei, como subordinado do presidente, de modo que é um erro categórico assumir que o presidente estivesse interferindo na decisão do Tribunal. Em tais casos, o presidente está apenas supervisionando a discricionariedade delegada de seus próprios agentes.

---

[230] EUA. *5 U.S. Code*, § 557 (d: 1: A), (2012).
[231] *Portland Audubon Society. v. Endangered Species*, 984 F.2d 1534, 1545 (9th Circuit, 1993), citando *Accardi v. Shaughnessy*, 347 U.S. 260 (1954).
[232] *Portland Audubon Society. v. Endangered Species*, 984 F.2d 1534, 1543 (9th Circuit, 1993). [tradução livre].

Nosso ponto não é que a postura do Executivo esteja correta, ou que as decisões de *Myers, Costle* e *Portland Audubon* estejam equivocadas ao restringir a intervenção do Executivo na adjudicação formal. Nosso ponto é que as bases legais afirmadas para esta abordagem não são claras, e que os gestos vagos em direção aos princípios básicos do devido processo não correspondem a um argumento jurídico. A melhor explicação é que os juízes estão registrando e aplicando um conjunto de intuições sobre casos paradigmáticos de adjudicação, e sobre a moralidade natural da adjudicação, e aplicando-as no contexto administrativo.

Esta é uma iniciativa altamente fulleriana em um sentido, e nada fulleriana em outro. Fuller derivou um relato das "formas e limites" da adjudicação exatamente por meio desse tipo de raciocínio naturalista sobre os elementos conceituais da adjudicação.[233] Fuller via a adjudicação como essencialmente inadequada para uma das principais tarefas confiadas a muitas agências administrativas: a alocação de recursos econômicos escassos, incluindo recursos criados pelo governo, tais como as licenças, que ele viu como um exercício de julgamento irredutivelmente político. Nesse sentido, Fuller estava perfeitamente ciente dos limites da adjudicação.

2. *Devido processo de regulamentação.* Na doutrina convencional do Direito Administrativo, "devido processo de regulamentação" é um termo impróprio, até mesmo um oximoro. Uma regra fundamental do devido processo em Direito Administrativo, originalmente derivada do famoso par de opiniões em *Londoner v. City and County of Denver* e *Bi-Metallic Investment Co. v. State Board of Equalization of Colorado*, é que o devido processo está vinculado à adjudicação administrativa, não à regulamentação.[234] Quando as agências criam normas gerais de acordo com os procedimentos padrão do *APA*, o devido processo não

---

[233] Ver FULLER, Lon L. "The forms and limits of *adjudication*". *Harvard Law Review*, nº 92, 1978, p. 353.

[234] *Londoner v. Denver*, 210 U.S. 373 (1908); *Bi-Metallic Co. v. Colorado*, 239 U.S. 441 (1915); ver *Bi-Metallic Co. v. Colorado*, 239 U.S. 441, 445-446 (1915).

CAPÍTULO III – A MORALIDADE DO DIREITO: CONSISTÊNCIA...

impõe nenhum requisito; a cláusula do devido processo não se aplica à regulamentação. Os únicos requisitos são legais.

Em uma decisão importante, entretanto, o Circuito de D.C. reconheceu uma exceção limitada, mas importante a essa regra, que é inequivocamente fulleriana em sua essência. Em 1936, no caso *Carter v. Carter Coal Co.*, uma opinião plural da Suprema Corte estendeu os requisitos de imparcialidade do devido processo judicial também para a regulamentaçãoo, sugerindo que a delegação de poderes legais exige que os funcionários públicos ajam de forma "presumivelmente desinteressada".[235] A decisão de *Carter Coal* fora considerada letra morta; depois de 1937, a própria Corte havia mantido muitas dessas delegações de regulamentação Mas em um caso de 2016 envolvendo a *Amtrak*, que a Corte viu como tendo recebido poder legal para regular seus concorrentes, o Circuito de D.C. reviveu *Carter Coal*, sustentando que o devido processo é violado quando uma lei "autoriz[a] um ator economicamente interessado a regulamentar seus concorrentes".[236] Em um caso anterior, a Suprema Corte havia declarado a *Amtrak* uma entidade pública.[237] O Circuito de D.C. estava na verdade dizendo que uma entidade pública não poderia cumprir dois papéis, criando regras governamentais que lhe proporcionassem uma vantagem em sua capacidade de atuação como participante do mercado.[238]

Aqui, também, a análise da Corte foi finalmente conclusiva. Repetidamente, a Corte argumenta por disposição e por adjetivação, como tomada de decisão "tendenciosa". Se, como argumentou o governo, o Congresso pretendia dar à *Amtrak* prioridade legal sobre o tempo de trilhos e outros recursos compartilhados, e pretendia dar à *Amtrak* uma

---

[235] *Carter v. Carter Coal Co.*, 298 U.S. 238 (1936); *Carter v. Carter Coal Co.*, 298 U.S. 238, 311 (1936). [tradução livre].

[236] *Association of American Railroads v. U.S. Department of Transportation*, 821 F.3d 19, 23 (District of Columbia Circuit, 2016). [tradução livre].

[237] *Association of American Railroads v. U.S. Department of Transportation*, 721 F.3d 666, 676 (District of Columbia Circuit, 2013).

[238] Ver *Association of American Railroads v. U.S. Department of Transportation*, 721 F.3d 666, 676–677 (District of Columbia Circuit, 2013).

função na definição de padrões aplicáveis às ferrovias precisamente porque isso permitiria à *Amtrak* proteger sua prioridade, por que essa função deveria ser caracterizada como tendenciosa? Qual é a referência a partir da qual o viés está sendo considerado?

A melhor defesa da decisão, se houver (e não temos certeza de que haja), invoca a moralidade institucional interna da tomada de decisão administrativa, seja na regulamentação ou na adjudicação. Nessa visão, toda tomada de decisão pública e oficial deve ser presumivelmente desinteressada, mesmo se, de uma perspectiva mais ampla, o Congresso quisesse atribuir a tomada de decisão a uma entidade com interesse próprio. A integridade intrínseca da própria ação oficial requer atenção apenas ao bem público geral de qualquer órgão oficial. Se uma visão forte é convincente ou mesmo defensável, como uma restrição constitucional aos poderes do Congresso, não é nossa preocupação aqui. O ponto chave é que, tanto nesse caso como em outros que examinamos, doutrinas ambiciosas sem uma base jurídica clara são mais bem compreendidas como derivadas de um compromisso implícito com a moralidade interna do Direito Administrativo.

CAPÍTULO IV
A MORALIDADE DO DIREITO: LIMITES, *TRADE-OFFS* E O PAPEL DO JUDICIÁRIO

Enfatizamos que algumas críticas contemporâneas ao Estado Administrativo usam uma artilharia pesada. Os críticos gostariam que os Tribunais revigorassem a doutrina da não delegação e eliminassem as concessões de autoridade discricionária às agências reguladoras. Também foi sugerido que, mesmo que a discricionariedade das agências seja limitada, a Constituição proíbe o Congresso de autorizar agências a emitir regras que sejam vinculativas, no sentido de que os infratores estariam sujeitos a sanções.[239] Em nossa opinião, essas propostas não são fáceis de justificar. Para reiterar: não está claro que devamos ser originalistas e, mesmo que devêssemos ser, as propostas não encontram muito apoio nos materiais constitucionais originais. Práticas há muito estabelecidas não devem ser interrompidas levianamente em seu nome. Do ponto de vista do autogoverno democrático, liberdade ou promoção do bem comum, a invalidação das concessões relevantes de autoridade causaria muito mais prejuízos do que benefícios.

---

[239] HAMBURGER, Philip. *Is Administrative Law unlawful?*. Chicago: University of Chicago Press, 2014, pp. 3-5.

A abordagem que estamos esboçando é mais promissora, não apenas por causa de sua modéstia em relação às demais. Reivindicações sobre a moralidade interna do Direito ajudam a enfatizar os sérios problemas de responsabilidade, liberdade e bem-estar que surgem se, por exemplo, os funcionários públicos têm a liberdade de fazer o que quiserem, se os cidadãos têm que adivinhar o que é a lei e se as pessoas são incapazes de planejar suas questões. Quando os Tribunais se valem da moralidade interna do Direito, eles podem alegar estar defendendo o pensamento consagrado-pelo-tempo sobre o Estado de Direito. É por isso mesmo, pensamos, que muitas das doutrinas exploradas aqui têm apenas os fundamentos jurídicos ambíguos. Os princípios subjacentes parecem tão naturalmente enfáticos e uma parte tão óbvia de um sistema jurídico funcional, que os juízes e outros os adotam, mesmo que sua base jurídica seja obscura. Lembre-se da proclamação esclarecedora: "a retroatividade não é favorecida pela lei".

Os críticos mais severos do Estado Administrativo não ficariam inteiramente satisfeitos com o que chamamos de moralidade interna do Direito Administrativo. Muitos deles desejam que o próprio Congresso tome decisões específicas, e os princípios enfatizados aqui não atingirão esse objetivo. Por outro lado, esses críticos também estão preocupados com a percepção da ilegalidade da ação administrativa por si só. Sob o ponto de vista que consideramos favorável, suas preocupações são sobre a manutenção do Estado de Direito, da mesma forma que Fuller o compreendeu. A essência de seus argumentos mais fortes, nós acreditamos, vem do próprio Fuller.

É fácil imaginar um governo em que esses argumentos seriam inteiramente convincentes. Com sua história do infeliz e desregrado Rex, Fuller fez exatamente isso. É duvidoso que o Estado Administrativo americano, ou qualquer Estado Administrativo em uma democracia madura, se pareça muito com esse governo imaginário. Mas não há dúvida de que em alguns momentos e lugares, governadores e governos agiram, estão agindo ou irão agir como Rex, e o argumento para uma resposta judicial parecerá poderoso.[240]

---

[240] Nós não estamos, é claro, tentando oferecer um relato exaustivo de todos os princípios potencialmente relacionados ao Direito Administrativo, apenas um relato da

CAPÍTULO IV – A MORALIDADE DO DIREITO: LIMITES...

Limites

Nosso principal projeto foi mostrar o Direito Administrativo contemporâneo em sua melhor forma. Também sugerimos que a melhor e mais promissora versão da crítica ao Estado Administrativo enfatiza a moralidade do Direito, tanto na inspiração quanto nos detalhes. Aqui voltamo-nos para os limites dessa abordagem. Embora apresentemos essa abordagem em um espírito ecumênico, não concordamos com as críticas indiscriminadas ao Estado Administrativo e acreditamos que

> moralidade interna fulleriana do Direito Administrativo como os juízes o entendem. Para obter um exemplo de princípios além do escopo de nosso projeto, considere as doutrinas elaboradas por juízes que insistem nos direitos de participação pública. *Vermont Yankee Nuclear Power Corp. v. Natural Resources Defense Council, Inc.*, 435 U.S. 519 (1978) envolveu um esforço de um Tribunal de primeira instância para reconhecer tais direitos, e várias outras doutrinas, adotadas ou não, questionadas pela Suprema Corte, também reconhecem tais direitos. Um exemplo importante é o teste de crescimento lógico, que afirma que qualquer regulamento final deve ser um resultado lógico da regra proposta, ver *Long Island Care v. Coke*, 551 U.S. 158, 174 (2007) – um requisito que visa promover a participação do público no processo de criação de regras, mas que carece de bases claras no *APA*, cf. BEERMANN, Jack M.; LAWSON, Gary. "Reprocessing Vermont Yankee". *George Washington Law Review*, nº 75, 2007, pp. 894–896. Outro exemplo é a exigência de que as agências divulguem e disponibilizem para comentários públicos os dados técnicos nos quais confiaram, ver *Portland Cement Association v. Ruckelshaus*, 486 F.2d 375, 393 (District of Columbia Circuit, 1973) – um requisito que também promove a participação pública, mas que não pode ser facilmente enraizado no Direito Positivo. Ver, e.g., *Natural Resources Defense Council v. Environmental Protection Agency*, 749 F.3d 1055 (District of Columbia Circuit, 2014).
>
> Os direitos de participação têm uma longa história no Direito Administrativo. Quando a Suprema Corte derrubou uma concessão aparentemente ilimitada de autoridade em *Schechter Poultry Corp. v. United States*, 295 U.S. 495 (1935), foi difícil dizer que outras doações aparentemente em aberto, para a *Federal Trade Commission* e a *Federal Radio Commission*, foram acompanhadas por procedimentos adjudicativos, que dão às partes afetadas o direito de participar e, nesse sentido, promover a responsabilidade. Ver *Schechter Poultry Corp. v. United States*, 295 U.S. 495, 532–534, 540 (1935). Mas os direitos participativos são estranhos à estrutura de Fuller. Ele estava falando por uma concepção do Estado de Direito e pelos valores associados de aviso justo e discrição limitada; direitos de participação, que são, em última análise, baseados em valores democráticos, não faziam parte de sua concepção da moralidade interna do Direito.

existem limites distintos dentro dos quais a abordagem fulleriana é mais convincente. Fora desses limites, ela deveria dar lugar a outras considerações, e normalmente o faz. A primeira questão, em outras palavras, é como entender o *âmbito* da moralidade do Direito Administrativo, mesmo se estivermos lidando com a moralidade mínima do dever.

Uma analogia com o Direito Administrativo pode ajudar. O relato de Fuller de "oito maneiras de se falhar na elaboração de uma lei" pressupõe que o tomador de decisão se depara com um tipo de decisão que é suscetível de ser tomada de maneira legal, em primeiro lugar.[241] Assim como a doutrina *Chevron* inclui não apenas etapas do teste em si, mas também um conjunto de condições limite para decidir se o teste deve ser aplicado – o "*Chevron Step Zero*" –, havendo também uma espécie de problema no *Chevron Step Zero* sobre a moralidade do Direito.[242] O limite do problema é entender o domínio dentro do qual os princípios de Fuller se aplicam em primeiro lugar – a moralidade do Direito, o *Step Zero*.

O próprio Fuller insiste repetidamente neste ponto. "A moralidade interna do Direito", escreveu ele, "não é e não pode ser uma moralidade apropriada para todo tipo de ação governamental".[243] Os exemplos de Fuller incluíam "comando militar", que não deveria "sujeitar-se às restrições apropriadas (...) ao cumprimento da função judicial"; a tomada de decisões gerenciais, como a tentativa de "extrair eletricidade das marés"; subsídios governamentais para instituições públicas e artes; e, como discutiremos em breve, a alocação econômica de recursos escassos entre vários requerentes concorrentes.[244] Nesses casos (estipulando que o governo deveria estar envolvido em tudo), o próprio Fuller pensava

---

[241] FULLER, Lon. *The morality of law*. New Haven: Yale University Press, 1962, p. 33. [tradução livre].

[242] SUNSTEIN, Cass R. "Chevron Step Zero". *Virginia Law Review*, nº 92, 2006, p. 191.

[243] FULLER, Lon. *The morality of law*. New Haven: Yale University Press, 1962, p. 171.

[244] Sobre comando militar, Fuller, nota 241, *supra*, p. 171; sobre decisões gerenciais, Fuller, nota 241, *supra*, p. 207; sobre alocação de recursos escassos, Fuller, nota 241, *supra*, p. 207.

CAPÍTULO IV – A MORALIDADE DO DIREITO: LIMITES...

que o modo apropriado de fazer negócios governamentais seria gerencial e não legal. Sua afirmação básica sobre tais domínios é que as considerações relevantes eram tão abertas, multifacetadas, complexas e difíceis de racionalizar que os princípios da moralidade do Direito eram inadequados para a tarefa.

O Direito Administrativo atual é parcialmente, mas apenas parcialmente, consistente com a compreensão de Fuller sobre o âmbito limitado da moralidade do Direito.[245] Por um lado, o *Administrative Procedure Act (APA)* contém exceções para uma série de situações de Fuller. A definição de "agências" no § 551 exclui "cortes marciais e comissões militares" e "autoridade militar exercida no campo de batalha em tempo de guerra ou em território ocupado".[246] Os procedimentos de regulamentação não se aplicam a "uma função militar ou de relações exteriores dos Estados Unidos" nem a "uma questão relativa à administração da agência, ou seu pessoal, ou da propriedade pública, empréstimos, concessões, benefícios ou contratos".[247] Os procedimentos judiciais formais não se aplicam à "condução de funções militares ou de relações exteriores".[248] Da mesma forma, a doutrina da revisão pode ser proveitosamente interpretada à luz das preocupações de Fuller.[249]

Ao explicar seu argumento, Fuller foi mais longe. A realização de algumas das tarefas mais importantes do Estado Administrativo era, na

---

[245] Para obter uma visão geral das exceções do *APA*, ver VERMEULE, Adrian. "Our schmittian Administrative Law". *Harvard Law Review*, n° 122, 2009. Para uma excelente discussão sobre revisão e outras doutrinas relevantes e suas conexões com o esquema de Fuller, ver KARANJIA, Peter. "Hard cases and tough choices: a response to professors Sunstein and Vermeule". *Harvard Law Review Forum*, n° 132, 2019.

[246] EUA. *5 U.S. Code*, § 551 (1: F-G), (2012). [tradução livre].

[247] EUA. *5 U.S. Code*, § 553 (a: 1-2). [tradução livre]. Para ter certeza, algumas decisões que se enquadram nesses domínios podem ser isentas por motivos que nada têm a ver com a etapa zero de Fuller. Por exemplo, as decisões de relações exteriores que regem os vistos podem ser suscetíveis aos seus princípios.

[248] EUA. *5 U.S. Code*, § 554 (a: 4). [tradução livre].

[249] KARANJIA, Peter. "Hard cases and tough choices: a response to professors Sunstein and Vermeule". *Harvard Law Review Forum*, n° 132, 2019..

opinião de Fuller, simplesmente incompatível com uma forma que fosse consistente com a moralidade interna do Direito, mesmo que essas tarefas fossem melhor executadas por agências administrativas. Seu principal exemplo, tanto em *The morality of law* quanto em *The forms and limits of adjudication*, este último publicado postumamente, envolveu a alocação econômica e o que Fuller chamou de "adjudicação policêntrica".[250] O exemplo paradigmático de Fuller foi o licenciamento de um recurso escasso, como a rádio frequência, concedida apenas a alguns de um grupo de solicitantes concorrentes.

Fuller via esse tipo de tarefa como inerentemente aberta e não suscetível à tomada de decisão legal, em oposição ao julgamento administrativo. Em sua explicação, as considerações e os critérios eram muito numerosos e diversos, muito atravessados por julgamentos desconexos e muito mais uma questão de promover bens sociais agregados em vez de definir e respeitar direitos de solicitantes individuais.[251] Em um exemplo do juiz Henry Friendly, que Fuller citou com tom de aprovação, é como se uma agência tivesse a tarefa de decidir qual cantor famoso deveria desempenhar o papel principal em uma produção no *Metropolitan Opera*.[252] Não há aqui nenhuma questão de direitos, ou mesmo de justiça para solicitantes individuais . Em vez disso, a questão é como melhor alocar um recurso escasso com vistas ao interesse público geral, a partir de critérios difíceis de definir e multidimensionais.

Embora Fuller tenha construído sua crítica em parte a partir do juiz Friendly, Fuller também pensou que o próprio tratamento do juiz Friendly sobre a tomada de decisão das agências, que explorou algo como a moralidade interna do Direito Administrativo, deu errado por

---

[250] FULLER, Lon. *The morality of law*. New Haven: Yale University Press, 1962, pp. 171-176. ; e FULLER, Lon. L. "Forms and limits of adjudication". *Harvard Law Review*, n° 92, 1978, pp. 394-404.

[251] FULLER, Lon. L. "The forms and limits of adjudication". *Harvard Law Review*, n° 92, 1978, p. 403.

[252] FULLER, Lon. *The morality of law*. New Haven: Yale University Press, 1962, p. 172.

CAPÍTULO IV – A MORALIDADE DO DIREITO: LIMITES...

não reconhecer esses limites da adjudicação.[253] O juiz Friendly e outros não perceberam que as agências que eles criticaram por tomadas de decisão incoerentes, especialmente a *Federal Communications Commission* (FCC), haviam sido instruídas a alocar recursos econômicos por meio das formas de adjudicação (observem que o *APA* define a adjudicação incluindo o licenciamento). O mau desempenho das agências era, na opinião de Fuller, inteiramente previsível.[254]

Um momento de reflexão sugere que, se fosse aceita, a visão de Fuller sobre a inadequação inerente da alocação econômica para a resolução legal (em oposição à gerencial) excluiria uma parte substancial do que as agências fazem a partir do domínio da moralidade do Direito Administrativo. O licenciamento explícito ou outra alocação entre os solicitantes dificilmente esgota o domínio da alocação econômica envolvendo interesses policêntricos. E apesar do interesse de Fuller nos limites da adjudicação, sua ênfase na inadequação inerente da moralidade do Direito para a alocação econômica transcende a divisão regulamentação-adjudicação do *APA*. O licenciamento, de muitas maneiras, é ambíguo em relação a essa a divisão, razão pela qual o *APA* teve de esclarecer seu status, estabelecendo expressamente que o licenciamento deveria contar como adjudicação para fins do *APA*.

Assim, Fuller acreditava que seus princípios de moralidade do Direito eram inerentemente inadequados para decisões regulatórias alocativas. Ironicamente, então, a doutrina atual é em alguns lugares mais fulleriana do que Fuller. Considere a saga das tentativas do Circuito de D.C. para estender a proibição de contatos *ex parte* à regulamentação informal (notificação e comentários). Em um par de casos decididos em 1977, *Home Box Office v. FCC* e *Action for Children's Television v. FCC*, o Tribunal de apelações primeiro anunciou e depois (em grande parte) retirou o princípio de que contatos *ex parte* com a indústria podem ser

---

[253] Ver FRIENDLY, Henry J. *The Federal Administrative Agencies*. Cambridge: Harvard University Press, 1962; e FULLER, Lon. *The morality of law*. New Haven: Yale University Press, 1962, p. 171-176.

[254] FULLER, Lon. *The morality of law*. New Haven: Yale University Press, 1962, p. 173.

problemáticos, mesmo em regulamentação informal, que não está sujeita às cláusulas de contato *ex parte* do *APA*.[255] À luz das decisões subsequentes em *Vermont Yankee* e em *Mortgage Bankers*, que rejeitam enfaticamente a inovação procedimental contratextual no Direito Administrativo, parece claro que a *Home Box Office* não é mais uma lei válida.[256]

O ponto interessante para nossos propósitos, no entanto, é que mesmo a decisão do caso *Action for Children's Television* tentou manter uma proibição de contatos *ex parte* em um subconjunto de regulamentação que envolviam "reivindicações [privadas] concorrentes de um privilégio relevante".[257] O exemplo clássico da FCC envolve uma decisão sobre a troca de uma licença de estação de um requerente ou cidade para outra.[258] Esse tipo de regulamentação é, na verdade, uma decisão alocativa, um processo policêntrico sob outra forma, como os procedimentos de licenciamento da FCC que Fuller considerou inadequados para uma resolução legalizada, adjudicativa. Como tal, a proibição *ex parte* no *common law* para contatos em procedimentos de regulamentação que arbitram "reivindicações privadas concorrentes de

---

[255] Sobre o anúncio, *Home Box Office, Inc. v. Federal Communications Commission*, 567 F.2d 9, 57 (District of Columbia Circuit, 1977); sobre a retração, *Action for Children's Television v. Federal Communications Commission*, 564 F.2d 458, 474 (District of Columbia Circuit, 1977); comparem EUA. 5 *U.S. Code*, § 553 (c), (1946) com EUA. 5 *U.S. Code*, § 557 (d: 1).

[256] *Vermont Yankee Nuclear Power Corp. v. Natural Resources Defense Council, Inc.*, 435 U.S. 519, 549 (1978). "A Corte não deve (...) ir além da jurisdição judicial para explorar o formato processual ou para impor à agência sua própria noção de quais procedimentos são 'melhores' ou mais prováveis de promover algum bem público vago e indefinido"; *Perez v. Mortgage Bankers Association*, 135 S. Ct. 1199, 1206 (2015), "a doutrina dos veteranos paralisados é contrária ao texto claro das disposições de regulamentação do APA e impõe indevidamente às agências uma obrigação além dos 'requisitos processuais máximos' especificados no APA", citando *Vermont Yankee Nuclear Power Corp. v. Natural Resources Defense Council, Inc.*, 435 U.S. 519, 524 (1978). [traduções livres].

[257] *Action for Children's Television v Federal Communication Commission*, 564 F.2d 458, 477 (District of Columbia Circuit, 1977) citando *Home Box Office v Federal Communication Commission*, 567 F.2d 9, 61 (District of Columbia Circuit, 1977).

[258] *Sangamon Valley Television Corp. v. United States*, 269 F.2d 221, 225 (District of Columbia Circuit, 1959).

CAPÍTULO IV – A MORALIDADE DO DIREITO: LIMITES...

um privilégio relevante", embora pareça fulleriana, é na verdade um exemplo perfeito do tipo de moralização legal que Fuller teria condenado (não estamos falando aqui sobre a possibilidade de que, em casos envolvendo reivindicações concorrentes de um privilégio relevante, a cláusula do devido processo imponha restrições independentes sobre contatos *ex parte*).

Não argumentamos que Fuller estava de fato correto ao excluir as decisões alocativas e o licenciamento regulatório do domínio da moralidade do Direito. É uma questão em aberto, e é desnecessário para nosso projeto aqui arbitrar essa questão.[259] O ponto mais amplo é que tais decisões são apenas uma classe de exemplos possíveis de um fenômeno maior sobre o qual Fuller estava sem dúvida correto: nem tudo que o governo faz está sujeito à, ou é melhor compreendido através das lentes da, moralidade interna do Direito. Essa moralidade, embora extraordinária dentro de seu âmbito apropriado, tem limitações intrínsecas.

Objeções

Agora nos voltamos para as maiores questões normativas. A moralidade do Direito Administrativo, como a formulamos aqui, se depara com três objeções: (1) uma potencial ausência de fundamentação suficiente nos materiais jurídicos; (2) *trade-offs* complexos, motivados pela busca do bem-estar social, entre valores do Estado de Direito e valores alternativos; e (3) potencial falta de competência judicial para supervisionar as decisões das agências sobre esses *trade-offs*.

---

[259] Um argumento contra Fuller sugeriria que, para decisões de alocação, certamente é possível respeitar a transparência, disciplinar o exercício de discricionariedade *ad hoc*, tornar as regras compreensíveis e garantir que as regras operem no mundo como funcionam nos livros. Se as decisões rigidamente baseadas em regras fazem ou não sentido, em tais contextos, dependerá das considerações usuais que justificam as regras ou os padrões. Ver, e.g., KAPLOW, Louis. "Rules versus Standards: an economic approach". *Duke Law Journal*, nº 42, 1992. Ou então o argumento seria muito longo; não precisamos resolver a questão aqui.

1. *Positivismo*. O problema do *The Vermont Yankee* paira sobre toda e qualquer reivindicação sobre a moralidade interna do Direito Administrativo. Nesse caso, a Suprema Corte decidiu que os Tribunais não podem impor requisitos processuais além daqueles estabelecidos no *APA* ou em outras fontes de Direito Positivo.[260] A alegação central da Corte era que o Direito Positivo estabelecia esses requisitos; os Tribunais não se ocupam de assuntos que vão além dos mínimos legais. Nessa medida, quaisquer princípios que os juízes usem para disciplinar o Estado Administrativo, mesmo no interesse do Estado de Direito, devem ser baseados em algo diferente de julgamentos morais ou até mesmo do Direito Natural.

É preciso ter cuidado, porque Fuller acreditava que os julgamentos morais e algo como o Direito Natural eram, eles próprios, parte do Direito; os juízes podem, por exemplo, recorrer a eles para interpretar o escopo e o significado de leis positivas ambíguas. Ainda assim, a decisão do caso *Vermont Yankee* pelo menos restringe o conjunto de argumentos morais admissíveis no Direito Administrativo, onde as leis são claras. Nosso objetivo aqui é simplesmente observar que *Vermont Yankee* é a lei e que, na medida em que a decisão proíbe os Tribunais de impor suas próprias restrições preferenciais ao Estado Administrativo, sem algum tipo de garantia legal para tal, a decisão deve ser considerada do ponto de vista do próprio Estado de Direito.

O *Vermont Yankee* torna necessário perguntar: qual é o fundamento legal para as exigências impostas judicialmente? A moralidade interna do Direito Administrativo, conforme refletida nas doutrinas que discutimos, pode estar enraizada no Direito Positivo? Depois que *Vermont Yankee* deixou claro que mandatos procedimentais precisam de algum tipo de base legal, várias dessas doutrinas foram obrigadas a ser questionadas ou rejeitadas como produto de uma era em que o Direito Administrativo era uma forma (ilícita) de *common law*.[261]

---

[260] *Vermont Yankee Nuclear Power Corp. v. Natural Resources Defense Council, Inc.*, 435 U.S. 519, 523-525 (1978).

[261] Ver, e.g., *Whitman v. American Trucking Associations, Inc.*, 531 U.S. 457, 472 (2001) rejeitando a ideia de que, para sanar um problema de não delegação, é necessário e suficiente que as agências produzam normas que limitem seu arbítrio.

CAPÍTULO IV – A MORALIDADE DO DIREITO: LIMITES...

Com certeza, algumas dessas doutrinas sobreviveram e prometem perdurar. As razões são várias. Algumas delas gozam de clara aprovação da Suprema Corte (como nos casos do cânone antirretroatividade e limites no caso *Auer*); outros podem alegar encontrar apoio suficiente nos materiais jurídicos existentes; outros ainda refletem a prática ao invés da lei formal, como no respeito limitado dado a interpretações inconsistentes. Na medida em que as doutrinas são baseadas em intuições judiciais sobre o Estado de Direito, mas carecem de embasamento em materiais jurídicos positivos, seus fundamentos continuam precários. Para quem busca defender as doutrinas pertinentes, a tarefa é identificar esse embasamento, e isso pode não ser algo fácil.

Sobre essa questão, há um grande elefante na sala: a cláusula do devido processo. É tentador radicar as doutrinas, e a iniciativa de Fuller de maneira mais ampla, nessa cláusula. A doutrina da nulidade por vagueza é um bom exemplo, e poderíamos imaginar casos em que a retroatividade levantaria sérias preocupações sobre o devido processo. Na versão crua de Fuller sobre as falhas do Estado de Direito, apresentando Rex, as objeções de devido processo seriam mais do que plausíveis. Mas nos casos que exploramos, os Tribunais geralmente evitaram essas objeções, e por boas razões. Observamos que a recusa de uma agência em seguir suas próprias regras – por exemplo, devido a mudanças na compreensão dos fatos ou circunstâncias imprevistas – não precisa criar um problema de devido processo. Não negamos que, em alguns casos, as doutrinas relevantes podem ser concebidas de uma forma que torne esse problema real. Mas, como estão agora, elas extrapolam os marcos do devido processo.

Se nenhum dos fundamentos positivos para as doutrinas centrais do Direito Administrativo – *Chenery I, Arizona Grocery*, entre outras – for totalmente convincente e, portanto, a tensão com o *Vermont Yankee* não for, em grande medida, resolvida, o que acontecerá então? Nossa resposta é simples: o *Vermont Yankee* não é tudo que existe no Direito Administrativo, em sua melhor perspectiva. É claro que esse caso estabelece um princípio fundamental do Direito Administrativo; o texto do *APA* é digno de grande respeito. Mas o texto não esgota a lei, que também contém princípios fullerianos que promovem a elaboração de leis administrativas fundamentadas e que são consagrados pelo uso prolongado, pelo endosso explícito dos Tribunais e pela aquiescência tácita do Congresso. A moralidade fulleriana do Direito Administrativo não é algo em desacordo com a lei, mas parte dela.

2. *Trade-offs*. O segundo problema é amplamente relacionado com o bem-estar social, enfocando o bem comum. A moralidade interna do Direito é importante, mas não aponta para a única consideração que os planejadores institucionais e os responsáveis pelas decisões jurídicas devem levar em conta. Por definição, um abuso da retroatividade não é uma boa ideia, mas há reivindicações em nome da retroatividade, que podem se justificar com base no bem-estar social.[262] Lembre-se da diferença entre a moralidade do dever e a moralidade da aspiração. O próprio Fuller viu que a moralidade do Direito se enquadra no que ele chamou de escala móvel, com um ponteiro móvel operando entre a moralidade mínima necessária para constituir um sistema jurídico, de um lado, e a aspiração à legalidade perfeita, do outro.

Podemos concordar que, na maioria das vezes, uma violação da moralidade mínima é inaceitável (por razões de bem-estar social ou outros motivos). É difícil defender a ideia de que a lei deve ser totalmente ininteligível. Mas para as preocupações de Fuller, as duas extremidades – a moralidade do dever e a moralidade da aspiração – limitam uma ampla gama na qual a maioria das instituições opera e a maioria das decisões é tomada, em qualquer sistema jurídico desenvolvido. Doutrinas que pretendem reivindicar o Estado de Direito, e aquelas que se apoiam nos julgamentos de Fuller sobre a moralidade interna do Direito, geralmente abrangem vários pontos dentro dessa escala, e não as extremidades.

O Direito Administrativo não é exceção. Voltem para as quatro primeiras falhas de Fuller: (1) uma falha em estabelecer regras em primeiro lugar, endossando que todas as questões sejam decididas caso a caso; (2) uma falta de transparência, no sentido de que as partes afetadas não são informadas das regras que devem cumprir; (3) um abuso

---

[262] Ver, e.g., LEVMORE, Saul. "Changes, anticipations, and reparations". *Columbia Law Review*, n° 99, 1999.

CAPÍTULO IV – A MORALIDADE DO DIREITO: LIMITES...

de retroatividade, no sentido de que as pessoas não podem confiar nas regras atuais e estão sob ameaça de mudança; e (4) uma falha em tornar as regras compreensíveis. Podemos concordar que há um problema real se os julgamentos caso a caso forem feitos sem qualquer tipo de estrutura de orientação; se as pessoas não têm como saber o que é a lei; se houver abuso de retroatividade (ninguém quer isso); e se a linguagem da lei for essencialmente incompreensível. Para alguns sistemas jurídicos, essas falhas são generalizadas e Fuller pode ser visto como um farol.

Porém, no mundo real do Direito Administrativo americano, o problema geralmente será menos um *fracasso* do que uma *insuficiência* discutível – discutível insuficiência de restrição à discricionariedade, discutível insuficiência de transparência, discutível não justificação de retroatividade, discutível insuficiência de inteligibilidade. Nenhum sistema jurídico se aproximou da imagem utópica associada à moralidade de aspiração, mas isso não é um defeito fatal. Outra maneira de afirmar isso é sugerir que existe um nível ótimo de transparência, retroatividade e inteligibilidade e, para chegar ao nível ótimo, devem ser feitos *trade-offs*, incluindo considerações sobre os diversos tipos de custos.

É mais fácil ver essa questão pelo primeiro princípio de Fuller. Suponha que uma agência esteja decidindo se deve emitir um padrão relativamente aberto (por exemplo, com uma frase como "na medida do possível") ou, em vez disso, uma regra rígida. Uma vantagem do primeiro é que ele impõe cargas decisórias mais baixas nos estágios iniciais. Talvez a agência não tenha informações e, portanto, não esteja em uma boa posição para especificar o conteúdo de sua regra. Outra vantagem dos padrões abertos é que eles podem reduzir o número e a magnitude dos erros. Talvez uma regra seja inadequada para a variedade de circunstâncias às quais se aplica. Na verdade, uma crítica proeminente do Estado Administrativo é que ele é muito rígido e prescritivo, e que deveria consistir, muito mais do que agora, em concessões de autoridade para exercer o "bom senso".[263] Nessa visão, o que é necessário é uma mudança das regras, que especificam o

---

[263] Ver HOWARD, Philip K. *The rule of nobody*. New York: W. W. Norton & Company, 2014.

que as pessoas devem fazer, para declarações de princípios ou objetivos, que podem não ser maravilhosos do ponto de vista do Estado de Direito.

Nada disso significa que as agências devam ter permissão para agir sem quaisquer critérios e decidir em uma base inteiramente *ad hoc*. Colocando a questão da autoridade legal de lado, as práticas em *Holmes* e *Hornsby* são realmente preocupantes. Podemos concordar que uma agência deve enfrentar um sério ônus de justificativa se um regulamento disser que a conduta será considerada ilegal ou que os benefícios serão concedidos ou não, "dependendo das circunstâncias". Mas se o regulamento deixa lacunas significativas que ela mesma e o setor privado possam preencher, não há nada de errado.

É por essa razão, pensamos, que por mais atraentes que possam ser, alguns dos princípios de Fuller têm tido relativamente pouca força no Direito Administrativo. Considere-se (2) uma falha de transparência e (4) uma falha em tornar as regras compreensíveis. Na maioria das vezes, o Direito Administrativo não apresenta nenhuma dessas falhas. A lei não está oculta e, embora possa ser complicada, geralmente não desafia o próprio entendimento. Ao mesmo tempo, ninguém deve negar que as pessoas no setor privado às vezes se preocupam com a falta de transparência e inteligibilidade suficientes. O *Plain Writing Act* de 2010 foi concebido como uma resposta.[264] O problema é que há um nível ótimo de clareza e, à medida que (por exemplo) os regulamentos se tornam mais simples e compreensíveis, eles também podem perder nuances importantes. Como uma questão de princípio ideal abstrato, podemos e devemos celebrar (2) e (4) como Fuller os afirma, mas as agências podem fazer uma série de julgamentos razoáveis sobre em qual ponto entre as extremidades estará.

3. *Erros judiciais e ônus de decisão.* O terceiro problema envolve a competência judicial, considerada para incluir tanto o risco e custos de erros judiciais quanto os ônus absolutos da tomada de decisão, em termos de tempo e informação. Se a questão envolve suficiência e otimização,

---

[264] *Plain Writing Act of 2010*, Public Law nº 111–274, 124 Stat. 2861 (codificado conforme emendado em EUA. 5 U.S. Code, § 301 (2012)).

CAPÍTULO IV – A MORALIDADE DO DIREITO: LIMITES...

não há dúvida de que as agências podem errar, talvez por incompetência, talvez por interesse próprio institucional (*Holmes* e *Hornsby* parecem ser exemplos disso). Mas os Tribunais também podem se equivocar e, ao fazê-lo, podem acabar prejudicando os esquemas racionais e previsíveis de elaboração de políticas da agência, diminuindo - e não promovendo - a satisfação dos ideais fullerianos pelo sistema geral. Mesmo a ameaça ou o risco de erros cometidos por Tribunais de revisão podem pairar sobre o processo administrativo com efeitos perturbadores.

No mínimo, os Tribunais sem informações completas podem não estar na melhor posição para saber se uma agência cometeu um erro. O Tribunal reconheceu o ponto no próprio caso *Vermont Yankee*. A adição de procedimentos além daqueles especificados pela disposição normativa do *APA* exige *trade-offs* complexos e julgamentos sobre recursos escassos – julgamentos que os Tribunais não devem impor às agências na ausência de arbitrariedade ou violação de leis claras.

Sempre que as agências decidem sobre os procedimentos, elas inevitavelmente estão alocando recursos entre programas e prioridades, levando em consideração os custos de oportunidade, os custos e benefícios diretos de mais procedimentos para uma série de casos, e a natureza do programa ou tarefa em questão. Examinando os casos um por um a mando de requerentes específicos, os Tribunais correm o risco de assumir uma visão míope que distorce a alocação de recursos das agências. Compreendendo esse ponto, a Suprema Corte tem atuado para restringir a supervisão por Tribunais inferiores nesses casos. Ela citou a discricionariedade das agências sobre a alocação de recursos como um fundamento para as doutrinas centrais do Direito Administrativo, incluindo não apenas a proibição a procedimentos administrativos realizados por juízes, que resultou do caso *Vermont Yankee,* mas também a presumível incapacidade de revisão das ações de execução das agências e até mesmo a própria doutrina *Chevron*.[265]

---

[265] Sobre a impossibilidade de revisão: *Heckler v. Chaney*, 470 U.S. 821, 831–832 (1985); *Massachusetts v. Environmental Protection Agency*, 549 U.S. 497, 527 (2007).

De forma mais ampla, a Corte reconheceu há muito tempo que as agências devem ter amplo poder discricionário para fazer escolhas procedimentais. Isso ocorre mesmo em âmbitos em que os princípios fullerianos podem ser considerados como ameaçados ou mesmo violados, porque a escolha dos procedimentos depende de muitas considerações programáticas complexas. Um exemplo fundamental, adotado logo no início do Direito Administrativo moderno e em tensão com a insistência judicial ocasional na regulamentação é o caso *Chenery II*, que examinou a discricionariedade da agência para escolher entre o procedimento de regulamentação e o de adjudicação.[266] Os contestadores reclamaram que a *Securities and Exchange Commission* violou os princípios fullerianos fundamentais de não retroatividade ao emitir uma ordem de devolução baseada em conduta anterior não coberta por uma norma administrativa.[267] A consequência da visão deles teria sido exigir que a agência procurasse primeiro elaborar uma regra (prospectiva), para que a questão da retroatividade tivesse efeitos colaterais sobre a escolha da forma procedimental pela agência.

A Suprema Corte discordou, dizendo que a agência tinha feito apenas o que os Tribunais de *common law* poderiam ter feito e – crucialmente para nossos propósitos –, que mesmo se a ordem da agência fosse vista como "retroativa", tal retroatividade não deveria ser entendida como uma barreira à ação da agência *per se*.[268] Em vez disso, a análise correta envolveria um equilíbrio entre os danos às partes reguladas, por um lado, e as necessidades da atividade da agência, por outro.[269] É importante notar aqui que a atividade da agência se estende além de um agregado ou conjunto de casos e, portanto, transcende os princípios em questão em qualquer caso particular e os interesses de qualquer reclamante em particular. A decisão de proceder por regra ou por ordem seria necessariamente uma decisão que atendesse as necessidades de um processo de formulação de políticas aberto,

---

[266] *Securities Exchange Commission v. Chenery Corp.*, 332 U.S. 194 (1947).
[267] Ver *Securities Exchange Commission v. Chenery Corp.*, 332 U.S. 194, 199-200 (1947).
[268] *Securities Exchange Commission v. Chenery Corp.*, 332 U.S. 194, 203 (1947).
[269] *Securities Exchange Commission v. Chenery Corp.*, 332 U.S. 194, 203 (1947).

CAPÍTULO IV – A MORALIDADE DO DIREITO: LIMITES...

multifacetado e nitidamente administrativo, para o qual os princípios fullerianos propostos pelos contestadores eram inadequados. Vale a pena citar a explicação da Corte:

> Qualquer exigência rígida nesse sentido tornaria o processo administrativo inflexível e incapaz de lidar com muitos dos problemas especializados que surgem (...). Nem todo princípio essencial para a administração eficaz de uma lei pode ou deve ser lançado imediatamente no molde de uma regra geral. Alguns princípios devem aguardar seu próprio desenvolvimento, enquanto outros devem ser ajustados para atender a situações particulares e imprevisíveis (...). Em outras palavras, podem surgir problemas em um caso que o órgão administrativo não poderia razoavelmente prever, problemas que devem ser resolvidos apesar da ausência de uma regra geral relevante. Ou a agência pode não ter tido experiência suficiente com um problema em particular para justificar a fixação de um julgamento provisório em uma regra rigorosa e rápida. Ou o problema pode ser tão especializado e de natureza variável que seja impossível capturá-lo dentro dos limites de uma regra geral. Nessas situações, a agência deve manter o poder para lidar com os problemas caso a caso para que o processo administrativo seja eficaz. Há, portanto, um lugar muito definido para a evolução caso a caso das normas legais. E a escolha feita entre o procedimento por regra geral ou o contencioso individual *ad hoc* é aquela que reside principalmente na discricionariedade informada da agência administrativa.[270]

Chenery II apresenta uma lição ampla: os princípios fullerianos, embora válidos e atraentes, têm limites de alcance e peso. Eles devem, inevitavelmente, ser contrabalançados com a função e as capacidades institucionais da agência, as limitações de recursos e os objetivos programáticos. A lição do caso *Chenery II* tornou-se a visão consensual entre os administrativistas do pós-guerra, conforme refletido no tratado

---

[270] *Securities Exchange Commission v. Chenery Corp.*, 332 U.S. 194, 202-203 (1947).

magistral do Professor Louis Jaffe, colega de Fuller.[271] Gostamos de pensar que Fuller, que entendeu que a moralidade do Direito dificilmente esgota o domínio do que o governo faz, que seus princípios tinham uma dimensão ambiciosa, e que sabia que um sistema jurídico válido poderia instanciá-los apenas parcialmente, seria o primeiro a concordar.

Um caminho adiante

Nosso principal objetivo aqui tem sido identificar a moralidade do Direito Administrativo e demonstrar que doutrinas díspares feitas por juízes, tanto grandes quanto pequenas, são unificadas por um compromisso com essa moralidade. Em vários casos, os Tribunais federais determinaram que as agências agem ilegalmente quando deixam de elaborar regras, atuam retroativamente, atuam de forma inconsistente e deixam de tornar a administração real das regras congruente com as regras anunciadas.

Algumas das decisões subjacentes têm uma origem jurídica ambígua. Às vezes, elas pretendem estar radicadas na cláusula do devido processo ou no *APA*, mas o vínculo com a lei formal é frágil. Ao defender a moralidade aparente do Direito Administrativo, os Tribunais federais têm reagido ao que eles veem como princípios fundamentais. Isso fica mais claro no contexto da retroatividade, que, segundo a

---

[271] Jaffe insistiu que, embora os juízes tenham autoridade para dizer o que é a lei, a própria lei pode conceder às agências o poder de interpretação de leis e – crucialmente para os presentes propósitos – ele resumiu suas conclusões desta forma: (1) que o exercício de discricionariedade [das agências] é relevante para a tomada de decisões processuais; (2) que, na ausência de uma prescrição legal clara, uma decisão processual razoável deve resistir à interferência judicial; e (3) que a razoabilidade deve ser considerada em termos de responsabilidade das agências por um programa total, permitindo o fato de que os recursos das agências são limitados.
JAFFE, Louis Leventhal. *Judicial Control of Administrative Action*. Boston: Little Brown, 1965, p. 567. [tradução livre]. Para uma discussão, ver VERMEULE, Adrian. "Bureaucracy and distrust: Landis, Jaffe and Kagan on the Administrative State". *Harvard Law Review*, n° 130, 2017, pp. 2476-2477.

CAPÍTULO IV – A MORALIDADE DO DIREITO: LIMITES...

Suprema Corte, não é favorecida na lei, mas várias das doutrinas aqui discutidas podem ser entendidas em termos semelhantes.

Temos apontado que muitos críticos contemporâneos do Estado Administrativo costumam ser vistos mais como críticos do Estado de Direito – insistindo que as agências estão violando um ou mais dos oito princípios de Fuller. Compreender as objeções dessa forma coloca os críticos e seus argumentos na melhor perspectiva possível. Ao mesmo tempo, argumentamos a favor da cautela na celebração do uso judicial desses princípios, não apenas por causa da ausência de fundamentos legais claros, mas também porque o domínio da moralidade do Direito é intrinsecamente limitado e porque as agências podem razoavelmente optar por comprometer os princípios de Fuller mesmo onde eles se aplicam. O Direito atual reconhece as virtudes e os limites da moralidade interna do Direito Administrativo. Na verdade, como tentaremos mostrar no capítulo 5, a Suprema Corte tem convergido para um compromisso com a moralidade interna do Direito Administrativo – uma abordagem para acomodar grandes visões conflitantes do Estado Administrativo, uma abordagem exatamente do tipo que defendemos.

Direito Administrativo neoclássico?

Concluímos com uma nota extensa sobre uma alternativa à nossa abordagem. O Professor Jeff Pojanowski ofereceu um elegante e admirável regime jurídico com raízes na História do Direito Público americano.[272] Esse regime está consagrado de forma mais famosa no caso *Crowell v. Benson*.[273] Conhecido como Direito Administrativo neoclássico, ele tem duas características principais: plenário ou tomada de decisão judicial *de novo* em questões de direito e deferência judicial

---

[272] Para a noção de uma estrutura legal, ver VERMEULE, Adrian. "Chevron as a legal framework". *Jotwell*, October 24, 2017. Disponível em: https://adlaw.jotwell.com/chevron-as-a-legal-framework/. Acessado em: 21.10.2021.

[273] *Crowell v. Benson*, 285 U.S. 22 (1932).

substancial em questões discricionárias de escolha política (em termos modernos, revisão deferente, arbitrária e imprevisível).[274] Pojanowski sugere que o Direito Administrativo neoclássico representa uma *via media* entre duas visões recentes abrangentes, críticas supostamente originalistas ao Estado Administrativo, de um lado, e a abnegação do Direito à supremacia administrativa, de outro. Exercendo a revisão *de novo* das questões jurídicas, os juízes irão, pelo menos vigilantemente, policiar os limites das leis, regulamentos vinculantes da agência e a "jurisdição" da agência, enquanto deixam a formulação de políticas à discricionariedade administrativa.

O resultado a que chega Pojanowski é admirável, ainda que não acreditemos que a abordagem possa ter sucesso. Colocaremos de lado, e, portanto, não exploraremos aqui, as questões mais fundamentais sobre se o Direito Administrativo neoclássico representa a melhor leitura dos textos jurídicos subjacentes e princípios constitucionais, em vez disso olharemos para a doutrina do Direito Administrativo e para as reformas viáveis dessa doutrina. Como Pojanowski almeja uma *via media*, ele visa, de forma bastante explícita, promover uma visão que tenha um grau razoável de adequação ao Direito norte-americano atual; sua abordagem não pretende ser uma proposta radical para a revolução jurídica.

Como se constata, no entanto, o Direito Administrativo neoclássico é quase tão radical quanto o originalismo não covarde, ao qual alega oferecer uma alternativa moderada. A Suprema Corte não apenas rejeitou um dos princípios centrais do Direito Administrativo neoclássico no passado recente, mas também, em um sentido mais amplo, ele já foi julgado e rejeitado pela evolução de nosso Direito.[275] O Direito Admi-

---

[274] POJANOWSKI, Jeffrey A. "Neoclassical Administrative Law". *Harvard Law Review*, n° 133, 2020.

[275] Esta é a afirmação de Adrian Vermeule, em VERMEULE, Adrian. *Law's abnegation*: from law's empire to the Administrative State. Cambridge: Harvard University Press, 2016. Pojanowski parece sugerir que o livro é uma proposta de como o Direito Administrativo deveria ser; na verdade, é um argumento interpretativo sobre o estado atual e a direção futura da doutrina do Direito Administrativo. Em outras palavras, é *via media* putativa de Pojanowski que é, por si só, um afastamento do equilíbrio maduro do Estado Administrativo.

nistrativo supostamente neoclássico de Pojanowski é na verdade uma versão levemente retrabalhada de uma posição clássica, que se revelou profundamente instável e impraticável nas condições institucionais do Estado Administrativo moderno. Nesse sentido, não fica claro o que exatamente há de *neo* em seus posicionamentos.

A questão aparece em versões mais restritas e mais extensas, enfocando respectivamente a doutrina atual e o caminho mais amplo do Direito desde os anos 30. Quanto à doutrina atual – discutida em detalhes no capítulo 5 –, o principal aparecimento do Direito Administrativo neoclássico nos últimos anos foi uma nota de rodapé na opinião divergente do juiz Thomas no caso *Department of Commerce v. New York*.[276] Essa decisão foi, na verdade, o oposto da abordagem de Pojanowski, proporcionando ao *Department of Commerce* ampla autoridade estatutária durante o exame minucioso de suas escolhas políticas em busca de um pretexto. Da mesma forma, a Corte desferiu um sério golpe no Direito Administrativo neoclássico ao reafirmar, no caso *Kisor v. Wilkie*, deferência às interpretações das agências sobre seus próprios regulamentos.[277] (Exploramos a questão com mais detalhes no capítulo 5). A decisão de *Kisor* é totalmente inconsistente com a abordagem neoclássica; isso equivale a um grande revés para as esperanças daqueles que eliminariam toda deferência das agências do Direito Administrativo, seja deferência às interpretações das agências de suas próprias regras ou deferência às interpretações legais das agências.

Em nossa opinião, o tratamento de Pojanowski do caso *Kisor* não é totalmente convincente. Ele enfatiza que a deferência baseada na autoridade nos termos de *Auer*, conforme esclarecido em *Kisor*, pode

---

[276] Ver *Department of Commerce v. New York*, 139 S. Ct. 2551, nota 3, 2578 (2019). (THOMAS, J., discordando, afirmando que, de acordo com o *APA*, "a revisão deferente das escolhas discricionárias das agências e do raciocínio sob o padrão arbitrário-e-desarrazoado está em contraste marcante com a revisão plenária de um Tribunal da interpretação e aplicação da lei pelas agências"). [tradução livre]. Isso é quase um *précis* de Pojanowksi, e a opinião da maioria rejeitou as duas metades da formulação de Thomas.

[277] *Kisor v. Wilkie*, 139 S. Ct. 2400 (2019); ver *Auer v. Robbins*, 519 U.S. 542 (1997); *Bowles v. Seminole Rock & Sand Co.*, 325 U.S. 410 (1945).

em grande parte se sobrepor, na prática, à deferência baseada na plausibilidade do raciocínio da agência nos termos do caso *Skidmore v. Swift & Co.*[278] Seja qual for o escopo preciso dessas doutrinas, no entanto, o significado maior do caso *Kisor* é que ele deixa firmemente embutido na lei um *princípio* de deferência baseada na autoridade em questões jurídicas, princípio que é totalmente inconsistente com o Direito Administrativo neoclássico e que está lá como uma arma carregada, apenas esperando para ser pega por futuros advogados e juízes quando a deferência lhes parecer útil.[279]

O resultado do caso *Kisor* também é um mau presságio para o projeto de anular a deferência *Chevron*, muito discutida e muito esperada em certos círculos jurídicos conservadores-libertários.[280] A base para o consentimento de controle do presidente da Suprema Corte Roberts no caso *Kisor* era um precedente de longa data, e, embora ele tenha reservado cuidadosamente a questão *Chevron* como distinta, é uma suposição razoável que se *Auer* não pode ser anulada, *Chevron* também não o será.[281] Antes de *Kisor*, os legalistas libertário-conservadores viam a anulação de *Auer* como o primeiro e mais fácil passo no caminho para anular *Chevron*. Tendo fracassado claramente no primeiro passo, não é razoável

---

[278] Ver POJANOWSKI, Jeffrey A. "Neoclassical Administrative Law". *Harvard Law Review*, nº 133, 2020.; *Skidmore v. Swift & Co.*, 323 U.S. 134 (1944) (sob certas circunstâncias, as interpretações das agências podem ter "o poder de persuadir, se não controlar").

[279] *Korematsu v. United States*, 323 U.S. 214, 246 (JACKSON, J., discordando).

[280] *Chevron Inc. v. Natural Resources Defense Council*, 467 U.S. 837 (1984). Nesse sentido, o resultado em *Kisor* foi igual ao resultado em *Gundy v. United States*, 139 S. Ct. 2116 (2019), em que cinco juízes votaram, embora por razões diferentes, para rejeitar um desafio de não delegação que havia sido amplamente antecipado para revigorar essa doutrina obscura. Ver também *Paul v. United States*, 140 S. Ct. 342 (2019). (KAVANAUGH, J., respeitando a denegação do *certiorari*, declarando a disposição de considerar os desafios futuros da não delegação). Para alguns motivos de ceticismo de que outro desafio semelhante terá sucesso em breve, ver VERMEULE, Adrian. "Never jam today". *Mirror of Justice*, June 20, 2019. Disponível em: https://mirrorofjustice.blogs.com/mirrorofjustice/2019/06/never-jam-today.html/. Acessado em: 21.10.2021. Um futuro mais provável verá a maioria invocar a doutrina da não delegação apenas como um cânone estreito no nível da interpretação legal.

[281] *Kisor v. Wilkie*, 139 S. Ct. 2424 (2019). (ROBERTS, C. J., concordando em parte).

CAPÍTULO IV – A MORALIDADE DO DIREITO: LIMITES...

esperar sucesso no segundo. O decidido no caso *Chevron* pode muito bem estar cada vez mais limitado, mas, aí também, o estreitamento das disposições deixará o princípio básico da deferência embutido na lei.[282]

O problema com a estrutura de Pojanowski é mais do que (embora não seja menos do que) uma questão de compreensão da doutrina recente. É também uma questão muito mais ampla de caminhos viáveis para o Direito, sob as restrições reais de tempo, informação e capacidades que afligem os juízes. Por que o Direito Administrativo neoclássico se mostraria mais estável, ao longo do tempo, do que sua contraparte clássica? A principal coisa a observar sobre o regime de *Crowell*, a maior inspiração doutrinária para o Direito Administrativo neoclássico, é que ela começou a ser desfeito cerca de uma década após sua criação em 1932. Em 1943, no caso *NLRB v. Hearst*, a Corte estava falando sobre deferência às interpretações da agência com uma "base racional do Direito", assim como sobre deferência às determinações da agência sobre fatos e políticas mediante teste de provas substanciais.[283] Após um período de opiniões intermitentes e francamente inconsistentes, a Corte uniu-se em torno da deferência às interpretações jurídicas das agências no caso *Chevron*, em 1984. Essa deferência, que é antitética à letra e ao espírito do Direito Administrativo clássico de *Crowell*, permaneceu sendo a lei até o momento, embora com uma série de modificações e vicissitudes importantes.

---

[282] Pojanowski aponta vários outros casos para apoiar uma imagem da Corte firmando restrições ao Estado Administrativo, como *Lucia v. Securities and Exchange Comission*, 138 S. Ct. 2044 (2018), e *Free Enterprise Fund v. Public Co. Accounting Oversight Board*, 561 U.S. 477 (2010). Ver POJANOWSKI, Jeffrey A. "Neoclassical Administrative Law". *Harvard Law Review*, n° 133, 2020, nota 261, p. 900.. Porém, isso envolve a estrutura interna do ramo executivo, em vez da relação direta entre o ramo executivo e os Tribunais; portanto, são ortogonais às principais características do Direito Administrativo neoclássico. Permanece o fato de que os pronunciamentos recentes importantes da Corte diretamente relevantes para as principais características da estrutura neoclássica – o caso *Kisor* sobre controle judicial da lei e o caso do *Deparment of Commerce* sobre revisão arbitrária-e-desarrazoada –, ambos saíram da maneira errada para Pojanowski.

[283] *Board v. Hearst Publications*, 322 U.S. 111 (1944); *Board v. Hearst Publications*, 322 U.S. 111, 135 (1944).

Falando pragmaticamente, novamente colocando de lado todos os argumentos sobre se a deferência às interpretações jurídicas da agência é consistente com o texto, estrutura e entendimento original do *APA* e com a Constituição, esse tipo de colapso do Direito Administrativo (neo)clássico parece totalmente previsível. As razões para esse transbordamento da deferência de questões de política interna e de fato para o Direito não são misteriosas.

Em primeiro lugar, é notório o caráter escorregadio, especialmente para os juízes do mundo real, das distinções entre questões de direito, fato, e discricionariedade ou política, pelo menos em casos difíceis.[284] Em *Hearst*, o problema envolvia uma chamada questão mista de direito e fato, a questão de classificar os jornaleiros como empregados ou como contratados independentes nos termos da *National Labor Relations Act*. O caso *Hearst* exemplifica perfeitamente a incapacidade da Corte, ao longo do tempo, de sustentar uma distinção clara entre questões jurídicas puras e mistas em casos controversos na fronteira móvel do Direito Administrativo. A questão apresentada lá é de direito, de fato ou de política interna? Na verdade, são todos os três, inextricável e simultaneamente; e mesmo que, por meio de um argumento analítico elaborado, pudéssemos desemaranhar todos os componentes, os juízes federais não têm tempo e inclinação para um argumento analítico elaborado. O mesmo é verdadeiro para as muitas leis que exigem ou autorizam as agências a tomar medidas razoáveis, apropriadas ou necessárias. É cronicamente verdadeiro em tais casos que as linhas entre o direito, o fato e a discricionariedade política são incertas e instáveis.

O reconhecimento de que tais distinções não são estáveis ou sustentáveis refletiu-se em várias correntes de precedentes, que, juntas, destacam a dificuldade de fazer a distinção nítida de Pojanowski entre revisão de questões jurídicas, por um lado, e revisão de fatos e formulação de políticas discricionárias, por outro. Um exemplo, seguindo diretamente *Hearst*, tem sido a instabilidade contínua na prática da

---

[284] O *Administrative Procedure Act* distingue entre "questões" de "fato, lei ou discricionariedade". EUA. *5 U.S. Code*, § 557 (c: 3: A). [tradução livre].

distinção entre as chamadas "questões puras de Direito" e "questões mistas de direito e de fato".[285] A instabilidade da distinção, que é muito mais fácil de afirmar do que aplicar, compromete uma distinção nítida entre questões legais e não legais sobre as quais a estrutura (neo)clássica é construída.

Da mesma forma, no caso *City of Arlington v. FCC*, o juiz Scalia redigiu a opinião para a maioria (incluindo o juiz Thomas) para rejeitar a ideia de que seria coerente traçar uma distinção entre questões de "jurisdição" da agência e outras questões legais relacionadas com a autoridade da agência.[286] Isso também é teoricamente crucial, na medida em que a categoria "jurisdição" da agência era uma peça central da estrutura do caso *Crowell*.[287] Pojanowski, ciente de que isso é um problema para sua visão, nega que pretenda reviver a exceção de "jurisdição", mas então imediatamente diz que os Tribunais devem decidir de novo o "escopo" da autoridade da agência.[288] Mas essa é uma distinção semântica sem diferença – e de fato é uma distinção especificamente rejeitada pela Corte, que *definiu* questões de "jurisdição" da agência como perguntas sobre o escopo da autoridade da agência.[289]

---

[285] Comparem *Immigration and Naturalization Service v. Cardoza-Fonseca*, 480 U.S. 421, 446–448 (1987) distinguindo "uma questão pura de construção legal para os Tribunais decidirem" (480 U.S. 421, 446) de uma "questão de interpretação (…) em que as agências são obrigadas a aplicar [um padrão legal] a um determinado conjunto de fatos" (480 U.S. 421, 448) com 480 U.S. 421, 454–455 (SCALIA, J., concordando no julgamento, observando que a distinção é inconsistente com o próprio caso *Chevron*, cf. *Nationall Cable & Telecommunications Association v. Brand X Internet Services*, 545 U.S. 967, 986–997 (2005), entendendo que a deferência *Chevron* se aplica à construção pura de uma definição estatutária por parte das agências). [tradução livre].

[286] *City of Arlington v. Federal Communications Commission*, 569 U.S. 290 (2013); *City of Arlington v. Federal Communications Commission*, 569 U.S. 290, 297-298 (2013).

[287] Ver *Crowell v. Benson*, 285 U.S. 22, 54–55 (1932).

[288] POJANOWSKI, Jeffrey A. "Neoclassical Administrative Law". *Harvard Law Review*, nº 133, 2020, pp. 902/903.

[289] *City of Arlington v. Federal Communications Commission*, 569 U.S. 290, 293 (2013). "Consideramos se a interpretação de uma agência sobre uma ambiguidade estatutária que diz respeito ao escopo de sua autoridade reguladora (ou seja, sua jurisdição) tem direito a deferência sob [*Chevron*]". [tradução livre].

Finalmente, considere a questão de quais fatores são relevantes para a escolha da política da agência – nos termos do caso *Citizens to Preserve Overton Park, Inc. v. Volpe*, a primeira questão é o controle de arbitrariedade.[290] A Corte, de forma geral, disse sensatamente que se o Congresso determinou claramente os fatores de entrada ou saída, as agências devem respeitar essa decisão, mas se o Congresso for omisso ou ambíguo, as agências terão liberdade para decidir quais fatores são relevantes.[291] Em outras palavras, a Corte tratou o primeiro passo da análise da arbitrariedade como uma questão da doutrina *Chevron*, descartando parcialmente as indagações que Pojanowski separaria de maneira clara.[292] Isso cria um sério dilema para o Direito Administrativo neoclássico. Se as leis são o que tornam os fatores relevantes, e se os Tribunais devem determinar todas as questões legais *de novo*, então os Tribunais devem decidir por si mesmos, considerando todas as coisas, quais fatores as agências podem, não podem ou devem considerar ao fazer escolhas políticas. Mas isso dificilmente levaria ao tipo de revisão deferente da formulação de políticas que Pojanowski recomenda. A estrutura neoclássica ou é internamente inconsistente, ou então deve abandonar até mesmo o regime da decisão do caso *Overton Park* e todas as leis que dele emanaram – um empreendimento mais radical que a propaganda do Direito Administrativo neoclássico permite.

Voltamo-nos agora para um problema distinto, embora relacionado à instabilidade das distinções direito-fato-política, especialmente quando aplicado a legislações modernas complexas: o problema jurisprudencial do realismo jurídico. Não é por acaso que o realismo surgiu e floresceu aproximadamente em conjunto com o crescimento do Estado Administrativo e com a disseminação de formas e instrumentos jurídicos

---

[290] *Citizens to Preserve Overton Park v. Volpe*, 401 U.S. 402 (1971); *Citizens to Preserve Overton Park v. Volpe*, 401 U.S. 402, 416 (1971).

[291] Ver, e.g., *Chevron U.S.A. Inc. v. Natural Resources Defense Council, Inc.*, 467 U.S. 837, 842–843 (1984). Para uma excelente visão geral, ver PIERCE JR., Richard J. "What factors can an agency consider in making a decision?". *Michigan State Law Review*, nº 67, 2009.

[292] Ver *Pension Benefit Guaranty Corp. v. LTV Corp.*, 496 U.S. 633, 647–648 (1990) usando a estrutura do caso *Chevron*.

CAPÍTULO IV – A MORALIDADE DO DIREITO: LIMITES...

que desafiam as categorias do *common law*. O contexto das delegações estatutárias a agências administrativas tende a inspirar o pensamento de que a interpretação é frequentemente, pelo menos e especialmente em casos difíceis, um exercício de formulação discricionária de políticas internas. O próprio caso *Chevron* é um exemplo óbvio: a validade da "regulamentação da bolha", em questão naquele caso, era realmente uma questão estritamente legal em qualquer sentido que um juiz do século XIX reconheceria? A avaliação de uma escolha da *Environmental Protection Agency* não gira em grande parte sobre questões de política interna? Pojanowski diz que "mesmo se a lei subdeterminar uma pequena fração dos casos litigados que levantam questões jurídicas, isso não significa que devemos estruturar todo o sistema de controle judicial com base nesses casos excepcionais".[293]

É justo. O problema é que os "casos excepcionais" não vêm perfeitamente pré-rotulados como tais, e numerosas questões de direito, no Estado Administrativo, dificilmente são excepcionais, na medida em que a resolução de uma questão aparentemente legal depende de julgamentos de política interna. À medida que se sobe na escada da apelação, torna-se cada vez mais plausível para os juízes discutirem se as leis são ou não ambíguas. Termina-se contemplando o espetáculo – frequentemente em exibição na Suprema Corte – de dois grupos de juízes de tamanho basicamente igual, cada um argumentando veementemente que a lei "claramente" favorece sua própria visão. Em tal mundo, os advogados naturalmente começam a concluir que ambos os grupos estão errados em insistir de maneira irredutível que a lei tem um único significado determinado (no qual eles diferem), que na verdade a lei é ambígua e que as ferramentas de interpretação neoclássica são simplesmente inadequadas para resolver o problema.[294]

---

[293] POJANOWSKI, Jeffrey A. "Neoclassical Administrative Law". *Harvard Law Review*, nº 133, 2020. [tradução livre].

[294] Ver POSNER, Eric A.; VERMEULE, Adrian. "The votes of other judges". *Georgetown Law Journal*, nº 105, 2016; GERSEN, Jacob; VERMEULE, Adrian. "Chevron as a voting rule". *Yale Law Journal*, nº 116, 2007.

O problema da ambiguidade irredutível em casos difíceis é exacerbado pelo fenômeno dos "antigas leis, novos problemas".[295] À medida que o Estado Administrativo enfrenta novos problemas e desafios com leis antigas – como o *Clean Air Act* ou as leis de imigração, que o Congresso politicamente polarizado e fragmentado raramente atualiza, mas espera-se que lide com os problemas em constante mudança –, torna-se cada vez menos plausível insistir que as leis forneçam uma única resposta certa, quaisquer que sejam os problemas que apareçam e que não foram completamente previstos pelos redatores da lei. Assim, há uma tendência marcante para que as leis antigas e *quase*-constitucionais se tornem essencialmente constituições de *common law* que regem parte do Estado Administrativo, construído ao longo do tempo pela interação entre as mudanças nas interpretações das agências e o controle judicial mais ou menos deferente.

Nessa perspectiva, a decisão do caso *Crowell*, escrito por um presidente da Suprema Corte nascido em 1862, representa uma espécie de resquício do mundo do pensamento jurídico clássico, que se rompeu quase imediatamente em face das condições de desenvolvimento. O próprio caso *Chevron* é, do ponto de vista jurisprudencial, melhor compreendido como o produto de uma forma limitada de realismo jurídico, que entende que quando as agências interpretam leis como o *Clean Air Act* ao longo do tempo, em circunstâncias mutáveis e imprevistas, eles inevitavelmente terão que lidar com opções de políticas cuja resolução obviamente não estará mais confiada a um Judiciário generalista e irresponsável. Em outras palavras, o próprio objetivo do caso *Chevron* é articular uma concepção de interpretação que abra "espaço político" para o arbítrio da agência, em oposição à tentativa da interpretação jurídica clássica de reduzir o significado da lei a um único ponto.[296]

Pojanowski argumenta que "a própria estrutura da doutrina *Chevron* repousa sobre suposições realistas pré-legais que os pragmáticos e

---

[295] FREEMAN, Jody; SPENCE, David B. "Old statutes, new problems". *University of Pennsylvania Law Review*, n° 163, 2014. [tradução livre].

[296] ELLIOTT, E. Donald. "Chevron matters: how the Chevron doctrine redefined the roles of Congress, courts and agencies in environmental law". *Villanova Environmental Law Journal*, n° 16, 2005.

os supremacistas rejeitam ostensivamente", porque no primeiro passo o juiz decide se a lei é clara, e "estipular que uma questão pode ser clara ou não pressupõe uma medida estável com a qual julgar a clareza".[297] Mas esta não é de forma alguma a abordagem realista pré-legal para a interpretação, que perguntava (exceto em casos especiais como *mandamus*, possivelmente a origem do próprio *Chevron*) não se as leis eram "claras", mas simplesmente qual era a melhor interpretação, considerando todas as coisas.[298] *Hearst* e *Chevron* marcam uma ruptura conceitual fundamental com esse regime ao introduzir a suposição de que, em alguns casos, um órgão administrativo pode discordar razoavelmente do julgamento da Corte sobre qual interpretação é melhor, e que, onde ocorrer tal desacordo razoável, a agência prevalecerá. Essa ruptura com o passado não pode ser minimizada. Depois de ter ocorrido, é provavelmente impossível retornar às estruturas de crença do velho mundo pela força bruta, da mesma forma que não poderíamos induzir em nós mesmos uma crença não irônica nos quatro humores da medicina hipocrática.[299]

---

[297] POJANOWSKI, Jeffrey A. "Neoclassical Administrative Law". *Harvard Law Review*, nº 133, 2020. [tradução livre].

[298] Ver *United States v. Mead Corp.*, 533 U.S. 218, 241–243 (2001). (SCALIA, J., discordando).

[299] Nota do tradutor: Os quatro temperamentos faziam parte da cosmologia shakespeariana, herdada dos antigos filósofos gregos, como Hipócrates. Eles são organizados em torno dos quatro elementos: terra, água, fogo e ar; das quatro qualidades: frio, quente, úmido e seco; chegando aos quatro humores ou temperamentos: melancólico, fleumático, colérico e sanguíneo. Essas qualidades físicas determinariam o comportamento de todas as coisas criadas, incluindo o corpo humano. O melancólico era associado à bile negra, terra, velhice e Saturno; o fleumático era associado à fleuma, água, idade adulta e Lua; o colérico era ligado à bile amarela, fogo, infância e Marte; e o sanguíneo, ao sangue, ar, adolescência e Júpiter. Ver MARTINS, Lilian Al-Chueyr Pereira et al. "A Teoria dos temperamentos: do corpus hippocraticum ao século XIX". *Memorandum*, vol. 14, pp. 9–24, 2008, Disponível em: https://www.fafich.ufmg.br/~memorandum/a14/martisilmuta01.pdf/. Acessado em: 21.10.2021; FAHEY, Caitlin Jeanne. *Altogether governed by humours:* the four ancient temperaments in Shakespeare. Graduate Theses and Dissertations. University of South California, 2008. Disponível em: https://scholarcommons.usf.edu/etd/230/. Acessado em: 21.10.2021; e AGUIAR, Hipólito. *Medicamentos, que realidade?* Passado, presente e futuro. Lisboa: Graffis, 2002.

Pojanowski nunca enfoca a impossibilidade pragmática de uma análise judicial verdadeiramente independente de leis modernas altamente complexas, cuja interpretação por juízes trabalhando sob restrições realistas de tempo e experiência traz enormes consequências políticas. A ilustração canônica surgiu durante as deliberações internas da Corte sobre o próprio caso *Chevron*. De acordo com os papéis do juiz Harry Blackmun, o juiz John Paul Stevens, relator da decisão, disse, na deliberação sobre o caso, "quando estou confuso, vou com a agência".[300] Essa é uma estratégia de tomada de decisão inteiramente racional para juízes generalistas que enfrentam leis regulatórias complexas e especializadas, que conhecem os limites do próprio conhecimento e sabem que as consequências de um erro judicial podem ser extremamente graves. Mais importante, esse tipo de deferência é difícil de controlar pela doutrina jurídica formal. Qualquer decisão, lei ou mesmo emenda constitucional da Suprema Corte seria amplamente impotente para eliminar esse tipo de deferência epistemológica, que opera nos bastidores, nos processos deliberativos internos do juiz. A escolha não é entre deferência ou nenhuma deferência; é entre deferência aberta ou oculta.

As razões para a instabilidade do regime clássico de *Crowell* são transferidas para o bastante similar regime neoclássico. Na verdade, não é óbvio o que é particularmente *neo* na abordagem de Pojanowski, que pressupõe essencialmente a mesma distinção pré-realista entre interpretação jurídica e formulação de políticas internas na qual a decisão do caso *Crowell* se baseou. Pojanowski tenta distinguir os dois dizendo, contraintuitivamente, que a nítida distinção direito-fato em *Crowell* era insuficientemente formalista, porque os Tribunais da época engajavam-se em interpretação jurídica intencional, enquanto "[o] formalismo jurídico neoclássico (...) marca um retorno ao pensamento realista pré-legal".[301]

---

[300] ESKRIDGE JR., William N.; FEREJOHN, John A. *A republic of statutes*. New Haven: Yale University Press, 2010, p. 277.

[301] POJANOWSKI, Jeffrey A. "Neoclassical Administrative Law". *Harvard Law Review*, n° 133, 2020.. Aqui está a passagem completa: "a distinção de *Crowell* entre controle da lei e política interna era instável apenas enquanto se apoiava no antiformalismo

CAPÍTULO IV – A MORALIDADE DO DIREITO: LIMITES...

Mesmo aceitando a premissa de que a interpretação na era *Crowell* era altamente intencional e antiformalista – uma visão que basicamente confunde a estrutura clássica da década de 1930 com a abordagem do processo legal da década de 1950 –, não pode haver tal retorno do tipo que Pojanowski deseja.[302] Depois que a maçã do realismo é provada, tudo muda, e o caminho de volta ao jardim do classicismo ingênuo está para sempre proibido. Não é possível restabelecer unilateralmente a crença em uma distinção clássica entre lei e política interna, por mais útil que seja o regime resultante. Tentar retornar a uma versão mais formalista do regime de *Crowell* iria, na melhor das hipóteses, apenas recriar as condições judiciais e as dificuldades intelectuais que levaram ao colapso desse regime, em primeiro lugar.[303] Como Valéry Giscard d'Estaing disse em um diferente contexto, "não há como voltar à situação pré-1968, nem que seja apenas pela razão de que a situação pré-1968 incluía as condições que levaram a 1968".[304]

---

interpretativo que dominava na época do New Deal e na era de Processo Legal subsequente. O formalismo legal do neoclássico, no entanto, marca um retorno ao pensamento realista pré-legal que, embora ciente da indefinição nas linhas entre fazer, executar e interpretar o Direito, insistiu que a divisão dessas atividades era coerente em teoria e estimável na prática. Para ter certeza, a sustentabilidade de tal abordagem clássica do ofício jurídico em um mundo pós-realista é um desafio importante que os advogados administrativistas neoclássicos devem enfrentar. Mas se for mantida, a teoria tem melhores recursos para patrulhar a linha entre lei e política interna do que os fortes *purposivists* que fundaram – e perderam – o regime de *Crowell*". POJANOWSKI, Jeffrey A. "Neoclassical Administrative Law". *Harvard Law Review*, n° 133, 2020, p. 898.

Como se nota no texto, o que não está explicado aqui é como a insistência na divisão entre direito e política interna de alguma forma se torna mais sustentável após o realismo jurídico do que antes. Não se pode forçar a si mesmo a acreditar em coisas por decreto.

[302] Ver POJANOWSKI, Jeffrey A. "Neoclassical Administrative Law". *Harvard Law Review*, n° 133, 2020, p. 898, confundindo "a época do *New Deal*" com "a era subsequente do Processo Legal".

[303] Uma reivindicação desenvolvida em profundidade em VERMEULE, Adrian. *Law's abnegation:* from law's empire to the Administrative State. Cambridge: Harvard University Press, 2016, p. 295.

[304] VERMEULE, Adrian. *Law's abnegation:* from law's empire to the Administrative State. Cambridge: Harvard University Press, 2016, p. 42.

No geral, a proposta de Pojanowski, quaisquer que sejam seus méritos abstratos, é implicitamente muito mais radical do que afirma ser. Está em descompasso com grande parte da doutrina, da prática e da história e não apresenta nenhum caminho viável para o Direito. O Direito Administrativo não pode voltar para o lar, mesmo supondo que o lar esteja na direção indicada por Pojanowski. Há muito para admirar e aprender no ensaio de Pojanowski. Mas não há muito que seja verdadeiramente *neo* nisso, e um retorno ao Direito Administrativo clássico, não importa o quão ardentemente desejado, não é um futuro realisticamente possível.

Nessa perspectiva, acreditamos que uma vantagem crítica de nosso próprio regime é que ele é genuinamente interpretativo, de uma forma que nem o originalismo radical nem o Direito Administrativo neoclássico podem reivindicá-lo. Ela capta o caminho de desenvolvimento do Direito Administrativo norte-americano, que, ao longo do tempo, explicou e esclareceu a moralidade intrínseca do Direito (administrativo) de maneiras que mantiveram a continuidade com o passado. É essa tradição dinâmica que, esperamos, oferece uma maneira de resolver contendas de longa data. No próximo capítulo, aplicamos nossa abordagem a alguns desenvolvimentos importantes no Tribunal de Roberts – desenvolvimentos que, acreditamos, têm lições duradouras.

CAPÍTULO V
SALVAGUARDAS SUBSTITUTAS EM AÇÃO

Como enfatizamos, a Suprema Corte dos Estados Unidos é um importante *locus* de conflito sobre o escopo, os limites e a operação do Estado Administrativo. Em vários pontos, a antecipação de decisões importantes que reduzem a autoridade executiva e administrativa tem sido generalizada, especialmente entre os comentaristas da direita libertária e originalista. As expectativas aumentaram após a confirmação do juiz Gorsuch, um importante crítico da deferência *Chevron* às interpretações das leis pelas agências.[305] O *New Coke* parecia estar em ascensão.

Quando a Professora Gillian Metzger escreveu seu prefácio para a *Harvard Law Review* em 2017, falando sobre "o *redux* dos anos 30", parecia que uma crise genuína poderia estar surgindo.[306] Nos meses seguintes, a Suprema Corte concedeu *certiorari*[307] para ouvir um desa-

---

[305] *Gutierrez-Brizuela v. Lynch*, 834 F.3d 1142, 1149 (10th Circuit, 2016). (GORSUCH, J., concordando).

[306] METZGER, Gillian E. "1930s redux: the Administrative State under Siege". *Harvard Law Review*, n° 131, 2017.

[307] Nota do tradutor: *Certiorari* é uma ação autônoma, também chamada de mandado ou ordem, pela qual um Tribunal superior analisa a decisão de um Tribunal inferior.

fio de constitucionalidade do *Sex Offender Registration and Notification Act* (SORNA) sob a doutrina de não delegação, apesar da ausência de qualquer conflito entre os circuitos sobre a questão, e, separadamente, para considerar se deveria abandonar a deferência judicial a interpretações administrativas de regulamentos. A antecipação da mudança fundamental atingiu um tom cada vez mais alto.

Na sessão da Suprema Corte de 2018-2019, no entanto, as expectativas foram claramente decepcionadas. Em *Gundy v. United States*, a Corte, em uma decisão fragmentada e sobre uma dissidência de Gorsuch, recusou-se a invalidar a cláusula legal aparentemente aberta da SORNA para o registro de infratores preexistentes, que foi acusada de permitir uma discricionariedade inválida de autoridade legislativa ao procurador-geral dos Estados Unidos..[308] Em *Kisor v. Wilkie,* a Corte reafirmou a validade da deferência *Auer* às interpretações administrativas dos próprios regulamentos da agência, sobre uma opinião de Gorsuch que era efetivamente uma dissidência.[309] Em *Department of Commerce v. New York*, envolvendo a questão politicamente carregada de saber se uma questão sobre nacionalidade poderia ser adicionada ao censo, a Corte determinou que o departamento tinha ampla autoridade para fazê-lo; que o secretário, como chefe da agência, não estava de forma alguma sujeito ao conselho contrário da equipe especializada da agência; e que os julgamentos do secretário sob condições de incerteza eram devidos à ampla deferência concedida pelo Judiciário.[310]

Da mesma forma, porém, a Corte, como órgão, estava interessada em explorar diretrizes para o exercício do poder administrativo, diretrizes com perfil nitidamente fulleriano. No caso *Gundy*, a maioria trabalhou arduamente para mostrar que, devido ao contexto, SORNA não concedeu, de fato, ao procurador-geral autoridade ilimitada, mas usou a interpretação dos objetivos e finalidades legais para canalizar a

---

[308] Ver *Gundy v. United States*, 139 S. Ct. 2116, 2121 (2019).
[309] Ver *Kisor v. Wilkie*, 139 S. Ct. 2400, 2408 (2019).
[310] *Department of Commerce v. New York*, 139 S. Ct. 2551 (2019).

CAPÍTULO V – SALVAGUARDAS SUBSTITUTAS EM AÇÃO

discricionariedade do procurador-geral. Em *Kisor*, a maioria enfatizou novamente e esclareceu os pré-requisitos e limites da deferência *Auer*, enfatizando especialmente que as agências deveriam fazer julgamentos considerados oficiais e consistentes sobre tais assuntos. No caso do censo, a Corte acabou exigindo mais explicações administrativas com base no fundamento de que a justificativa oficial do *Department of Commerce* para sua ação era um pretexto incongruente com a razões professadas pelo próprio departamento.

Em todos esses casos, acreditamos que o Tribunal de Roberts se moveu em direção a uma abordagem de equilíbrio para o Direito Administrativo e o Estado Administrativo, que se baseia nos princípios da moralidade interna do Direito Administrativo, implantando esses princípios para proteger os valores do Estado de Direito. Essa abordagem é notavelmente consistente com nosso regime jurídico, e muito menos consistente com outros regimes possíveis, ou assim argumentaremos, ampliando nossas questões contra o Direito Administrativo neoclássico do final do capítulo 4.

Ofereceremos uma discussão sobre esses desdobramentos como uma espécie de estudo de caso. Estamos perfeitamente cientes de que qualquer estudo, focado em uma determinada sessão da Corte, rapidamente se tornará desatualizado. Também estamos perfeitamente cientes de que o futuro provavelmente trará surpresas, e nossas poucas previsões são apresentadas provisoriamente. Mas, em algumas circunstâncias, pode-se encontrar algo como um universo em um grão de areia. Em nossa opinião, a importância dos desdobramentos explorados aqui transcende qualquer sessão particular da Suprema Corte, mesmo uma tão importante e de fato culminante como a de 2018-2019. O ponto mais amplo é que o Direito Administrativo tem convergido cada vez mais para os princípios fullerianos como um conjunto de salvaguardas para os valores subjacentes ao Estado de Direito. Em vez de proteger esses valores eliminando diretamente o poder administrativo, o Direito busca informar, limitar e melhorar o exercício desse poder.

Enfatizamos que, do ponto de vista dos críticos do *New Coke* sobre o Estado Administrativo, essa é claramente uma segunda melhor opção. A principal objeção desses críticos é, acima de tudo, ao próprio regime moderno de delegações extensivas; os princípios da moralidade do Direito Administrativo, conforme explicamos no capítulo 2, canalizam, mas não limitam diretamente tais delegações. Mas os críticos simplesmente não podem ter tudo o que desejam, pois o que desejam é legalmente contestável e contestado, é inconsistente com os pilares do Direito Administrativo moderno e desestabilizaria radicalmente muitos arranjos existentes; por essas razões, os objetivos máximos dos críticos têm sido consistentemente rejeitados pela Suprema Corte e pelos poderes políticos. O objetivo do princípio fundamental de *Wong Yang Sung* é encontrar acomodações nas quais "forças sociais e políticas opostas [possam] se apoiar", mesmo que essas acomodações não sejam as ideais em relação às diferentes teorias da primeira melhor escolha em Direito Constitucional defendidas por diferentes partidos. Dada a gravidade das divergências, nem os defensores, nem os críticos podem se queixar caso não consigam tudo o que desejam; é suficiente que suas principais preocupações sejam acomodadas em acordos amplamente justos. As salvaguardas substitutas visivelmente expostas no Tribunal de Roberts têm exatamente esse caráter.

Começamos com a doutrina da não delegação, explicando como e por que a Corte está tão relutante em invocar a doutrina, cuja linhagem jurídica é obscura e cujas justificativas estruturais e funcionais são ambíguas e contestáveis. Nosso objetivo não é reavivar os debates de primeira ordem sobre a doutrina da não delegação, mas mostrar como e por que a Corte rejeitou as propostas revisionistas do *New Coke* em favor de uma abordagem de salvaguardas substitutas que acomoda as expectativas que sustentam essas propostas. Em seguida, voltamo-nos para vários episódios importantes, envolvendo deferência a interpretações administrativas de regulamentos e leis, e revisão do raciocínio da agência, em que a Corte de Roberts adotou claramente os princípios da moralidade do Direito Administrativo como salvaguardas substitutas, acomodando as demandas legítimas da formulação de políticas administrativas com preocupações relacionadas ao Estado de Direito.

CAPÍTULO V – SALVAGUARDAS SUBSTITUTAS EM AÇÃO

A doutrina da não delegação

O artigo I, seção 1, da Constituição confere poder legislativo ao "Congresso dos Estados Unidos". Mas as agências administrativas exercem ampla autoridade discricionária, muitas vezes ao abrigo de leis que lhes pedem para promover o "interesse público" ou para emitir regulamentos que sejam "praticáveis" ou "razoáveis" ou "necessários para proteger a saúde pública". Isso é inconstitucional? Algumas pessoas pensam assim. Eles invocam a doutrina da não delegação, o que, na opinião delas, significa que o Congresso não pode "delegar" ampla autoridade discricionária às agências. Esse argumento assume várias formas. Por muito tempo, o argumento central tem sido que o Congresso deve conter ou limitar suficientemente a discricionariedade da agência com algum tipo de "princípio inteligível".

O juiz Gorsuch – junto com o presidente da Suprema Corte Roberts e o juiz Thomas – foi muito mais longe.[311] Ele argumentou que o Congresso tem permissão para fazer apenas três coisas: autorizar agências a encontrar fatos; instruí-las a fornecer detalhes a respeito; e conceder a elas, ou ao presidente, autoridade para atuar em âmbitos, como o das relações exteriores, que são prerrogativa constitucional do Poder Executivo. O argumento de Gorsuch pode muito bem significar que grande parte da autoridade administrativa contemporânea é inconstitucional. Em sua abordagem, as principais disposições do *Clean Air Act*, do *Occupational Safety and Health Act*, e do *National Traffic and Motor Vehicle Safety Act* podem muito bem ser anuladas.

Gorsuch, junto com muitos outros, oferece uma narrativa simples sobre a extensão da doutrina da não delegação ao longo do tempo. Nessa visão, a doutrina era uma parte definidora da estrutura constitucional e foi geralmente respeitada até algum momento no início ou meados do século XX. A partir da década de 1950, a Suprema Corte basicamente abandonou a doutrina da não delegação. Ele fez isso transformando o teste do "princípio inteligível" em teste algum. Em muitas ocasiões, a Corte afirmou que os

---

[311] *Gundy v. United States*, 139 S. Ct. 2116 (2019).

termos elásticos ("viável" ou "requisito para proteger a saúde pública") na verdade continham um princípio inteligível. Foi um erro grave. Como Gorsuch coloca: "antes da década de 1930, as leis federais que concediam autoridade ao Executivo eram comparativamente modestas e, em geral, facilmente mantidas. Mas então o governo federal começou a crescer de forma explosiva".[312] Em pouco tempo, o acordo constitucional desmoronou, e "talvez a explicação mais provável de todas esteja na história da evolução da doutrina do 'princípio inteligível'". Tal como Gorsuch conta a história, a frase "ganhou vida própria", "sofreu mutação" e tornou-se essencialmente um cheque em branco para o Congresso.

Na visão de Gorsuch, o teste do princípio inteligível deve ser abandonado, ou então deve ser entendido em seus termos originais, "consistente com os ensinamentos mais tradicionais", como uma abreviação para a ideia de que o Congresso pode pedir às agências para encontrar fatos ou fornecer detalhes. Em ambos os casos, o que é necessário é a restauração de um princípio constitucional fundamental e o abandono de um erro constitucional catastrófico que já se arrasta por oitenta anos. O juiz Samuel Alito concorda: "se a maioria desta Corte estivesse disposta a reconsiderar a abordagem que adotamos nos últimos 84 anos, eu apoiaria esse esforço".

Há uma narrativa concorrente, que defendemos como uma questão de primeira ordem. Nessa visão, a doutrina da não delegação, como Gorsuch a entende, carece de raízes constitucionais seguras. Uma pesquisa histórica cuidadosa apoia essa conclusão.[313] Ao contrário, a doutrina da não delegação, como ele a entende, foi uma criação judicial – e a Suprema Corte a criou relativamente tarde. É em grande parte um produto do final do século XIX e do século XX, não do século XVIII.

---

[312] *Gundy v. United States*, 139 S. Ct. 2116, 2131 (2019). (GORSUCH, J., discordando). [tradução livre].

[313] MORTENSON, Julian Davis; BAGLEY, Nicholas. "Delegation at the founding". *Columbia Law Review*, nº 121, 2021. Disponível em: https://papers.ssrn.com/sol3/papers.cfm?abstract_id=3512154. Acessado em: 21.10.2021; WHITTINGTON, Keith E.; IULIANO, Jason. "The myth of the Nondelegation doctrine". *University of Pennsylvania Law Review*, nº 165, 2017.

CAPÍTULO V – SALVAGUARDAS SUBSTITUTAS EM AÇÃO

Algumas pessoas que endossam essa visão não acreditam que a Constituição proíbe o Congresso de conceder amplo poder discricionário às agências administrativas. Enquanto a agência atuar dentro dos limites da concessão de autoridade legal, ela estará exercendo seu poder *executivo*, mesmo que os limites sejam muito amplos. A decisão do Congresso de conceder essa autoridade em primeiro lugar é ela própria um *exercício* de poder legislativo, não uma transferência inválida do Poder Legislativo para o Executivo. Outras pessoas concordam que, por razões originalistas ou não originalistas (ou ambas), é correto dizer que há limites constitucionais ao poder do Congresso de conceder autoridade ilimitada ao Executivo. Eles podem estar preparados para enfatizar que, pelo menos desde 1935, a Corte disse que tais limites existem, mesmo que a Corte não tenha encontrado qualquer lei, desde então, para transgredir esses limites. Eles também pensam que o teste do princípio inteligível é uma boa maneira de identificar os limites constitucionais e que, mesmo com uma redação legal aparentemente aberta, os Tribunais geralmente são capazes de investigar o texto e o contexto para identificar um princípio inteligível. Uma vez que os Tribunais podem fazer isso, e porque os juízes são apropriadamente respeitosos ao Congresso neste domínio, o estado atual da doutrina de não delegação – não aplicada, mas disponível para casos verdadeiramente extremos – não é algo para se lamentar.

Em ambos os casos, nossa conclusão é que, em geral, os Tribunais não devem entender o artigo I, seção 1, da Constituição para exigir que o Congresso legisle com especificidade, limitando drasticamente a discricionariedade dos administradores. Para promover a moralidade interna do Direito, existem outras coisas que os Tribunais podem fazer. Apresentamos vários exemplos. A Corte de Roberts de fato tomou esse outro caminho em casos proeminentes, como explicamos a seguir.

A abordagem da Corte

Até o momento, a abordagem do juiz Gorsuch na dissidência no caso *Gundy* não influenciou a maioria da Corte. Na verdade, o ponto principal da decisão foi que a Corte manteve contra a não delegação o desafio de uma lei *quase*-criminal com linguagem muito aberta (a maioria foi composta da opinião plural do juíza Kagan e da concordância um tanto angustiada do juiz Alito). Não seria difícil imaginar uma decisão invalidando tal lei, em parte com o fundamento de que o Direito Penal, em especial, exige limites legislativos bem definidos. O fato de a Corte como um todo ter se recusado a invalidá-la, mesmo nessas circunstâncias, foi um golpe nas esperanças daqueles que iriam revigorar a doutrina da não delegação.

Mas nosso interesse vai além da vigilância pelos Tribunais, e o que a Suprema Corte fez merece ênfase por causa de sua importância mais ampla para o Estado Administrativo e o Estado de Direito. Baseando-se fortemente em uma decisão anterior, a Corte concluiu que a lei deveria ser lida à luz de seu propósito, que era garantir o registro de criminosos sexuais, na medida do possível.[314] O Congresso estava ciente de que, para pessoas que haviam sido condenadas antes da promulgação da lei, o registro apresentaria desafios logísticos e administrativos. O texto relevante, lido fora do contexto, pode ser interpretado como dizendo ao procurador-geral dos Estados Unidos: "faça o que quiser!". Mas, lido em seu contexto, também poderia ser entendido como instruindo o procurador-geral a registrar tanto quanto possível os criminosos sexuais condenados. A Corte optou pela segunda leitura.

Em parte, porque parecia a melhor leitura, e ponto final. Mas o mais interessante é que a Corte assim decidiu porque buscava uma forma de canalizar e disciplinar a discricionariedade das agências através de uma ênfase na leitura do texto à luz dos objetivos legislativos, considerados no contexto. A ideia básica aqui é simples. Se puderem, *os Tribunais devem interpretar as leis de forma a evitar cheques em branco a agências administrativas*. Essa é uma ideia fulleriana. Ela é projetada especificamente para promover a moralidade interna do Direito. E, na medida em que os Tribunais sigam essa abordagem, eles geralmente podem interpretar leis aparentemente abertas de uma forma que forneça um princípio inteligível e, assim, evite concessões completamente abertas

---

[314] *Reynolds v. United States*, 556 U.S. 432 (2012).

CAPÍTULO V – SALVAGUARDAS SUBSTITUTAS EM AÇÃO

de autoridade para as agências. Nesse caso, os desafios da não delegação raramente terão sucesso, se é que o terão. Afinal, os princípios de "viabilidade", como o que a Corte considera implícito no SORNA, são onipresentes na legislação federal. Seria impensável declarar que tais princípios, como uma classe, violam a proibição constitucional de delegação de poder legislativo.

Sem dúvida, a concordância do juiz Alito no caso *Gundy* imediatamente se tornou o foco de esperança para os defensores do *New Coke*. Em um caso oportuno, Alito indicou, ele estaria aberto a considerar uma reformulação do teste do princípio inteligível de uma maneira parecida à de Gorsuch. Não se deve reagir exageradamente a tais declarações, no entanto. A História moderna da Corte viu uma série de concordâncias e divergências por parte dos juízes, indicando desconforto com delegações expansivas de autoridade. Até o momento, no entanto, essas opiniões nunca se aglutinaram em uma clara maioria de cinco juízes realmente votando para invalidar uma lei por motivos de não delegação.[315] O comportamento do presidente da Corte, em particular, sugere que ele é extremamente relutante em fornecer o quinto voto para derrubar um precedente ou então instituir novas e chocantes restrições à autoridade administrativa, mesmo que queira limitá-la e restringi-la – um ponto ao qual retornaremos tanto em *Kisor v. Wilkie* quanto no caso do censo (*Department of Commerce v. New York*).

O ponto principal, para nossos propósitos, é que, desde 1935, a maioria da Suprema Corte nunca esteve disposta a seguir uma estratégia de invalidar diretamente delegações a agências por motivos constitucionais. Em vez disso, como *Gundy* mostra, a Corte buscou conspicuamente as estratégias de segunda melhor opção para canalizar e moldar o exercício da autoridade administrativa. Essas estratégias desenvolvem salvaguardas substitutas com base nos princípios fullerianos do tipo discutido nos capítulos 2 e 3. Suas marcas são a orientação do

---

[315] VERMEULE, Adrian. "Never jam today". *Mirror of Justice,* June 20, 2019. Disponível em: https://mirrorofjustice.blogs.com/mirrorofjustice/2019/06/never-jam-today.html/. Acessado em: 21.10.2021.

processo e uma derivação naturalista cuja base em textos oficiais não é clara, exceto na medida em que eles podem ser vagamente atribuídos ao "devido processo" ou, nos termos do *Administrative Procedure Act* (*APA*), à concessão, aos Tribunais, da autoridade para anular a tomada de decisão "arbitrária e desarrazoada" das agências.

Deferência às interpretações de regulamentos pelas agências

Vimos, no final do capítulo 4, que no caso *Kisor v. Wilkie* a Corte reafirmou a doutrina *Auer* e, assim, voltou atrás em um desafio abrangente sobre a deferência judicial às interpretações da agência sobre seus próprios regulamentos. Nosso foco aqui não está nos argumentos de primeira ordem a favor e contra *Auer*, como se estivessem em uma tábula rasa; a Corte parece ter decidido que uma versão limitada de *Auer* veio para ficar. Queremos contextualizar os aspectos essenciais dessas questões.

Suponha que o Congresso conceda expressamente ao *Department of Health and Human Services* ou à *Environmental Protection Administration* ou à *Federal Communications Commission* o poder de interpretar ambiguidades em seus próprios regulamentos – ou negue expressamente essa autoridade às agências. Essa decisão deve ser oficial, sujeita a quaisquer restrições constitucionais. A questão resultante é simples: o Congresso de fato exerceu essa autoridade, seja globalmente ou em legislação específica?

Essa questão nos leva diretamente a *Auer*. Nada no *APA* endossa ou rejeita *Auer*, pelo menos em termos explícitos. Os Tribunais são instruídos a "determinar o significado ou a aplicabilidade dos termos de uma ação da agência", mas talvez o Congresso tenha dito, em geral, ou em casos particulares, que onde existe ambiguidade o significado de um regulamento depende da interpretação da agência. Nesse caso, os Tribunais cumprem seu dever de "determinar o significado" ao considerar essa visão, desde que seja razoável. Nesse caso, os Tribunais

CAPÍTULO V – SALVAGUARDAS SUBSTITUTAS EM AÇÃO

podem dizer que, onde as regras legislativas são ambíguas, a lei é o que a agência diz que é (por exemplo, por meio de uma regra interpretativa).

É verdade que o Congresso não emitiu nenhuma instrução expressa – mas também não emitiu uma instrução contrária. Sob essa luz, o próprio caso *Auer* pode ser defendido de duas maneiras diferentes. A primeira aponta para a vantagem epistêmica comparativa da agência como intérprete. Talvez a agência tenha o melhor entendimento do que a regra legislativa subjacente realmente significa. Uma segunda defesa de *Auer* aponta não para as vantagens epistêmicas da agência como intérprete, mas para suas vantagens comparativas como formuladora de políticas internas. Nessa visão, a interpretação de regulamentações ambíguas é realmente um exercício de formulação de políticas, pelo menos na maior parte do tempo. Um termo regulatório como "estar sujeito a" exige mais especificações em uma ampla gama de casos, um exercício que, por sua vez, requer julgamentos de política interna. As agências têm experiência técnica e também *accountability* política e, quando os regulamentos são ambíguos, eles devem ser interpretados por agências, não por Tribunais, que carecem dessas vantagens. Onde há ambiguidade genuína, a agência tem vantagens comparativas na formulação de suas políticas.

Os críticos de *Auer* têm várias preocupações independentes. Todos eles levantam questões significativas sobre metodologia. Em um ponto de vista, *Auer* cria um incentivo infeliz e até perigoso para as agências, que "é falar vagamente e amplamente, de modo a manter uma 'flexibilidade' que permitirá 'esclarecimento' com efeito retroativo".[316] *Auer*, portanto, incentiva o comportamento oportunista: as agências irão emitir regulamentos vagos e amplos, sabendo muito bem que, quando chegar a hora, serão capazes de impor a interpretação que preferirem.

Em abstrato, a preocupação é certamente inteligível. Com *Auer*, as agências podem saber que terão a vantagem de poder esclarecer

---

[316] *Decker v. Northwest Environmental Defense Center*, 133 S. Ct. 1341 (2013). (SCALIA, J., concordando em parte, discordando em parte). [tradução livre].

ambiguidades; sem *Auer*, elas não teriam esse benefício e, portanto, poderiam falar com precisão. Mas a ideia de que *Auer* resulta em obscuridade motivada e nefasta – "uma tolerância perigosa que pode resultar em usurpação do poder" – nos parece um terror fantasmagórico. Na verdade, não conhecemos, e ninguém até agora apontou, nenhum regulamento na História americana que tenha sido elaborado de maneira vaga e ampla por causa de *Auer*.[317] Em teoria, não podemos descartar a possibilidade de que algumas agências tenham feito isso. Mas, com base nas provas os riscos parecem muito pequenos.

Na verdade, o caso *Auer* também oferece um incentivo para redigir regulamentos com clareza, e, ao eliminá-lo, tal incentivo desapareceria: se uma agência deixa um regulamento ambíguo, não pode ter certeza de que um governo com valores diferentes interpretará o regulamento como a agência agora considera adequado. Para as agências, as ambiguidades são uma ameaça, pelo menos tanto quanto uma oportunidade. Uma administração pode muito bem querer garantir que seu sucessor não terá permissão, com a ajuda de *Auer*, de mudar uma postura anterior. Existem vários incentivos em várias direções, e seu resultado final é, na melhor das hipóteses, incerto. Nossa própria visão, com base no princípio e na experiência, é que as ambiguidades são essencialmente inevitáveis nas regulamentações, e geralmente não intencionais, e que quando as agências deixam uma imprecisão ou ambiguidade significativa, ou se esforçam muito para não fazer isso, a doutrina *Auer* não é sequer parte dos motivos que as levam a agir de tal ou qual maneira.

Os críticos de *Auer* têm uma objeção mais fundamental, que envolve artilharia pesada e tem apelo intuitivo. A decisão produz uma combinação constitucionalmente suspeita entre o poder de elaborar leis e o poder de interpretar leis. Citando Montesquieu, o juiz Scalia

---

[317] Em quase quatro anos no governo federal, um de nós (Sunstein) lidou com bem mais de duas mil regras e nunca ouviu uma única pessoa sugerir, ou chegar perto de sugerir, que um regulamento deveria ser escrito de forma vaga ou ambígua à luz de *Auer*, ou assim para que as agências pudessem posteriormente interpretá-lo como bem entendesse.

CAPÍTULO V – SALVAGUARDAS SUBSTITUTAS EM AÇÃO

insistiu que se trata de um problema grave, pois quando "os Poderes Legislativo e Executivo se unem na mesma pessoa (...) não pode haver liberdade".[318] Ele concluiu: "Aquele que redige uma lei não deve julgar sua violação".[319] Pelo menos a doutrina *Chevron* preserva essa separação, porque as agências interpretam o que o Congresso decreta, mas *Auer* a oblitera, porque as agências interpretam o que as agências promulgam. Ou ao menos é assim que o argumento funciona.

Mas essa crítica a *Auer* é infundada e abrangente demais. Existem três pontos críticos. Em primeiro lugar, o entendimento tradicional e dominante no Direito Público americano é que quando as agências – agindo dentro de uma concessão estatutária de autoridade – elaboram regras, interpretam regras e julgam violações, elas exercem um poder executivo, não legislativo ou judiciário. Em segundo lugar, a crítica a *Auer* sobre a separação de poderes e sobre a combinação entre funções de formulação e interpretação de regras são apresentadas em um nível equivocado. A separação de poderes está totalmente atendida, desde que as principais instituições estabelecidas na Constituição – o Congresso, o Presidente e o Judiciário – na medida em que exerçam suas funções prescritas, elaborem e aprovem o esquema de autoridade da agência que combina poderes de regulamentação e interpretação. Se as instituições constitucionais, operando como foram criadas para funcionar, decidiram que tal arranjo é válido e sensato, então o respeito pela separação de poderes aconselha a aprovação do arranjo. Por outro lado, não existe nenhuma regra constitucional segundo a qual todo e qualquer órgão subordinado estabelecido pelas instituições constitucionais deva ter a mesma estrutura interna prevista na Constituição de 1789, de um modo estranhamente fractal.

Terceiro, se a combinação de funções legislativas e interpretativas de leis nas agências é realmente suspeita enquanto tal, então há

---

[318] *Decker v. Northwest Environmental Defense Center*, 568 U.S. 597, 619 (SCALIA, J., concordando em parte, discordando em parte). [tradução livre].
[319] *Decker v. Northwest Environmental Defense Center*, 568 U.S. 597, 621 (SCALIA, J., concordando em parte, discordando em parte). [tradução livre].

problemas muito maiores do que *Auer* para discutir. A combinação de funções nas agências é uma marca registrada do Estado Administrativo; portanto, a *Federal Communications Commission*, a *Federal Trade Commission*, a *Securities and Exchange Commission* e uma miríade de outras agências parecem estar constitucionalmente sob suspeita também. Todas essas agências redigem normas vinculativas, conduzem ações de execução e julgam violações, no curso das quais interpretam as próprias regras que elas mesmas criaram.

Há algo exagerado, extremamente desproporcional, na crítica da separação de poderes em *Auer*. A liberdade constitucional está realmente em risco se uma agência puder interpretar a frase "estar sujeito a" ou a palavra "diagnóstico" dentro dos limites do significado textual? "Livros encadernados"? "Diários"? A liberdade corre menos riscos se, em face da ambiguidade, os Tribunais, compostos por juízes generalistas, interpretarem esses termos por conta própria? Faz diferença que as interpretações da agência frequentemente *aumentam*, em vez de restringir, a liberdade da classe regulamentada, dizendo a seus membros que eles podem de fato fazer o que desejam? Faz diferença que, em casos difíceis, a interpretação judicial de ambiguidades frequentemente envolva julgamentos políticos, conforme refletido nas visões previsivelmente distintas entre nomeados republicanos e democratas? Faz diferença que normalmente estamos falando de julgamentos intersticiais e altamente técnicos, nos quais as agências entendem um termo ambíguo ("diários") de uma forma linguisticamente permissível?

Auer e salvaguardas substitutas

Dito isso, nosso ponto principal não é argumentar sobre os méritos. Em abstrato, espíritos razoáveis podem divergir e de fato divergem sobre a permissibilidade constitucional e os méritos da deferência *Auer*. Depois de anos negando petições de *certiorari* que buscam uma reconsideração da doutrina, a Corte finalmente decidiu, institucionalmente falando, no caso *Kisor v. Wilkie,* rejeitando um amplo desafio para a deferência

CAPÍTULO V – SALVAGUARDAS SUBSTITUTAS EM AÇÃO

judicial às interpretações da agência sobre seus próprios regulamentos.[320] A abordagem da Corte não tem sido limitar diretamente a autoridade administrativa por meio de limitações constitucionais (a lição de *Gundy*), nem insistir em uma interpretação judicial totalmente independente das disposições legais e regulamentares. Em vez disso, tem buscado articular uma série de salvaguardas destinadas a garantir que as agências façam julgamentos oficiais totalmente fundamentados, levando em conta os *reliance interests* das entidades reguladas ao longo do tempo.

A opinião plural em *Kisor* articula as seguintes restrições à deferência *Auer*: o regulamento que está sendo interpretado deve ser genuinamente ambíguo; a interpretação da agência deve ser razoável; o "caráter e contexto" da interpretação da agência deve mostrar que ela merece deferência, porque a interpretação é a posição "autorizada" ou "oficial" da agência; a deferência implica a expertise substantiva da agência e reflete o "julgamento justo e ponderado" da agência em vez de uma "racionalização *post hoc*".[321] Nas palavras da opinião plural, "[o] que emerge é uma doutrina de deferência não tão dócil como alguns podem esperar, mas não tão ameaçadora como eles podem temer".[322]

A opinião plural da juíza Kagan em *Kisor*, com sua atenção ao nível em que as decisões da agência são feitas e à sua consistência ao longo do tempo, parece capturar o equilíbrio na Corte atual e ilustra nosso tema perfeitamente. Em vez de fazer proclamações radicais e diretas de autoridade judicial *de novo* sobre a interpretação, tais como aquelas proferidas precipitadamente pelos originalistas libertários, o centro de gravidade da Corte reside em uma abordagem de salvaguardas substitutas.

---

[320] Sobre a reconsideração, ver, e.g., *United Student Aid Funds, Inc. v. Bible*, 136 S. Ct. 1607 (2016).
[321] Ver, e.g., *Kisor v. Wilkie*, 139 S. Ct. 2400 (2019)
[322] Ver, e.g., *Kisor v. Wilkie*, 139 S. Ct. 2400, 2418 (2019). [tradução livre].

Chevron como um regime jurídico

E o caso *Chevron*? Sob o presidente da Suprema Corte Roberts, a Corte tem estado bastante preocupada com isso, e seu destino ainda não foi resolvido. Um livro inteiro poderia ser facilmente escrito sobre o assunto. Oferecemos uma breve nota aqui, com base em nossa discussão sobre *Auer* e mostrando o papel crucial das salvaguardas substitutas. Também sugerimos, reproduzindo um princípio extraído de *Wong Yang Sung*, de que a deferência *Chevron*, apropriadamente circunscrita, é melhor compreendida como um regime abrangente para controle de questões jurídicas envolvendo a interpretação de leis por agências, uma estrutura dentro da qual pontos de vista discordantes podem chegar a um equilíbrio estável, embora difícil. Dessa forma, a reafirmação da deferência *Auer* por meio do regime reticulado apresentado em *Kisor* encontra um paralelo no regime reticulado estabelecido para a deferência *Chevron* na jurisprudência da Corte, como explicaremos.

Em termos da inquietação atual: o juiz Gorsuch objeta que *Chevron* "[t]ransfere o trabalho de dizer o que é a lei do Judiciário para o Executivo".[323] O juiz Thomas argumenta que *Chevron* é inconsistente com a Constituição.[324] Em sua opinião, a decisão "arranca dos Tribunais a autoridade interpretativa final para 'dizer o que é a lei' e entrega-a ao Executivo".[325] O presidente da Suprema Corte Roberts busca maneiras de limitar o alcance do caso *Chevron*.[326] Como ele coloca, "[os] autores dificilmente poderiam ter imaginado a 'vasta e variada burocracia federal' de hoje em dia e a autoridade que as agências administrativas

---

[323] *Gutierrez-Brizuela v. Lynch*, 834 F.3d 1142, 1152 (10th Circuit, 2016). [tradução livre].

[324] Ver *Michigan v. Environmental Protection Agency*, 135 S. Ct. 2699, 2712 (2015). (THOMAS, J., concordando).

[325] *Michigan v. Environmental Protection Agency*, 135 S. Ct. 2699, 2712 (2015), citando Marbury v. Madison, 5 U.S. 137, 177 (1803). [tradução livre].

[326] Ver *City of Arlington v. Federal Comunications Commission*, 569 U.S. 290, 313 (2013). (ROBERTS, C. J., discordando). (citação omitida).

CAPÍTULO V – SALVAGUARDAS SUBSTITUTAS EM AÇÃO

agora detêm sobre nossas atividades econômicas, sociais e políticas".[327] O presidente da Corte acrescenta:

> Quando se aplica, *Chevron* é uma arma poderosa no arsenal regulatório de uma agência. As delegações do Congresso às agências costumam ser ambíguas – expressando "um sentimento em vez de uma mensagem". Intencional ou involuntariamente, o Congresso muitas vezes falha em indagar uma agência a respeito "da questão específica". Na ausência de tal resposta, a interpretação de uma agência tem toda a força e efeito de lei, a menos que "exceda os limites do permitido" (...). Seria um pouco exagerado descrever o resultado como "a própria definição de tirania", mas o perigo representado pelo crescente poder do Estado Administrativo não pode ser descartado.[328]

Concentrando-se na questão dos fundamentos jurídicos, o juiz Kavanaugh descreve *Chevron* como "uma invenção não textual dos Tribunais" e como "nada mais do que uma transferência de poder judicialmente orquestrada do Congresso para o Poder Executivo".[329] De forma mais amena, ele escreve:

> Quando o Poder Executivo escolhe uma interpretação fraca (mas defensável) de uma lei e, quando os Tribunais condescendem, temos uma situação em que cada ator relevante pode concordar que a interpretação legal da agência não é a melhor, embora essa interpretação tenha força de lei. Incrível.[330]

---

[327] *City of Arlington v. Federal Comunications Commission*, 569 U.S. 290, 313 (2013). [tradução livre].

[328] *City of Arlington v. Federal Comunications Commission*, 569 U.S. 290, 314-315 (2013) (citações omitidas). [tradução livre].

[329] KAVANAUGH, Brett M. "Fixing statutory interpretation". *Harvard Law Review*, n° 129, 2016, p. 2150, revisando KATZMANN, Robert A. *Judging Statutes*. New York: Oxford University Press, 2014. [tradução livre].

[330] KAVANAUGH, Brett M. "Fixing statutory interpretation". *Harvard Law Review*, n° 129, 2016, p. 2151. [tradução livre].

Seja ou não incrível, *Chevron* se tornou o ponto de ignição para as preocupações contemporâneas sobre o poder e a legitimidade do Estado Administrativo moderno.

Nada disso quer dizer que a doutrina *Chevron* será derrubada. Ninguém agora sabe disso, mas, embora as previsões sejam arriscadas, tendemos a duvidar. Embora a concordância do presidente da Corte em *Kisor* tenha enfatizado que a Corte não resolveu a questão *Chevron*, o fato de que *stare decisis* foi a base de seu voto é um mau presságio para qualquer tentativa de derrubar *Chevron* em um futuro previsível. Afinal, *Chevron* foi aplicada em milhares de casos em todos os níveis do sistema judicial federal desde 1984, e a decisão do caso tem raízes muito mais antigas do que isso. Em muitos aspectos, a deferência *Auer* era a questão de menor importância, e anular *Auer* teria sido uma decisão com menos consequências. Como os comentadores notaram, portanto, se a Corte não está disposta a anular a deferência *Auer*, parece resultar *a fortiori* que o próprio precedente do caso *Chevron* está provavelmente seguro.[331]

Sugerimos que a relutância institucional da Corte em reverter suas doutrinas sobre deferência judicial é tão sensata no contexto *Chevron* quanto no contexto *Auer*. As críticas são exageradas, e as preocupações legítimas por trás delas já foram acomodadas dentro da versão devidamente limitada de *Chevron* que a Corte desenvolveu nas décadas desde 1984. A doutrina atual de *Chevron* constrói uma série de salvaguardas substitutas que abordam essas preocupações, embora proporcionando amplo escopo para os requisitos igualmente legítimos de formulação de políticas administrativas sob complexas leis regulatórias modernas e condições mutáveis.

Colocado de outra forma, o gênero doutrinário correto dentro do qual situar *Chevron*, sugerimos, é o regime jurídico – paradigmaticamente,

---

[331] WALKER, Chris. "What Kisor means for the future of Auer deference: the new Five-Step Kisor deference doctrine". *Yale Journal of Regulation: Notice & Comment*, June 26, 2019. Disponível em: https://www.yalejreg.com/nc/what-kisor-means-for-the-future-of-auer-deference-the-new-five-step-kisor--deference-doctrine/. Acessado em: 21.10.2021; ver também @chris_j_walker, Twitter (June 26, 2019, 11:42 a.m. BRT), https://twitter.com/chris_j_walker/status/1143892190759985153.

CAPÍTULO V – SALVAGUARDAS SUBSTITUTAS EM AÇÃO

uma doutrina com várias partes, pontas ou componentes que acomodam internamente preocupações divergentes.[332] Os regimes têm poder de permanência, na medida em que são flexíveis e articuladores. Eles devem ser flexíveis o suficiente para apelar aos juízes com pontos de vista conflitantes, que podem articular suas posições dentro da estrutura. A doutrina atual de *Chevron* permite exatamente isso, fornecendo uma espécie de macro-acordo que pode reconciliar uma série de visões conflitantes sobre o Estado Administrativo.

Embora o regime nominal de duas etapas de *Chevron* seja familiar para os iniciados, uma breve atualização será útil, com particular referência ao que a Corte realmente disse.[333] Sob as emendas no *Clean Air Act* de 1977, uma licença é necessária sempre que uma empresa constrói um novo setor industrial ou modifica um existente, a menos que a poluição incremental permaneça dentro dos limites legais.[334] A questão particular em *Chevron* era se uma "fonte de emissão" tinha que ser um único edifício ou chaminé (como grupos ambientais argumentaram), ou se poderia ser uma planta inteira (como o governo pediu). Uma definição de "fonte de emissão" como sendo a planta fabril toda daria às empresas maior flexibilidade. Isso criaria uma espécie de bolha sobre a planta, permitindo que as empresas construíssem novos aparelhos poluidores ou modificassem os antigos, desde que não ultrapassassem o limite legal total. De acordo com a definição ampla de fonte, uma empresa pode construir um novo dispositivo emissor de poluição dentro

---

[332] Ver VERMEULE, Adrian. "Chevron as a legal framework". *Jotwell*, October 24, 2017, https://adlaw.jotwell.com/chevron-as-a-legal-framework/. Acessado em: 21.10.2021.

[333] *Chevron* também pode ser entendido como incorporando apenas uma investigação unitária, que pergunta se a interpretação da agência é razoável. Ver *Entergy Corp. v. Riverkeeper, Inc.*, 556 U.S. 208 (2009) empregando um inquérito *Chevron* de etapa única; STEPHENSON, Matthew C.; VERMEULE, Adrian. "Chevron has only One Step". *Virginia Law Review*, nº 95, 2009. Nada em nossa análise aqui aborda esse problema.

[334] Ver *Clean Air Act Amendments of 1977*, Public Law nº 95–95, § 172 (b: 6), 91 Stat. 685, 747 (1977), codificado conforme emendado em EUA. *42 U.S. Code*, § 7502 (c: 5), (2012).

de sua planta, mas também instalar esses emissores fora dela e, dessa forma, evitar os requisitos de autorização do *Clean Air Act*.

Como muitos sabiam, a definição de "fonte de emissão" como sendo toda a planta havia sido adotada pelo governo Reagan, que rejeitou a definição mais restrita do governo Carter. Grupos ambientalistas foram profundamente céticos em relação à administração Reagan e procuraram desafiar as decisões de sua *Environmental Protection Agency* em qualquer ocasião. Eles acreditavam que a definição geral da planta da indústria era prejudicial do ponto de vista ambiental e inconsistente com os propósitos do *Clean Air Act*. A Corte de Apelações dos Estados Unidos para o Circuito do Distrito de Colúmbia concordou.[335] Ninguém deveria ter se surpreendido. Esse Tribunal há muito tempo revisa agressivamente as ações da agência, especialmente no contexto ambiental, e pressiona as agências em direções favoráveis aos grupos ambientais.

A Suprema Corte ofereceu seu regime nesse contexto. Nas próprias palavras da Corte:

> Em primeiro lugar, sempre, é a questão de saber se o Congresso falou diretamente sobre a questão específica em apreciação. Se a intenção do Congresso for clara, esse é o fim da questão; pois o Tribunal, assim como a agência, deve dar efeito à intenção expressa do Congresso de forma inequívoca.

O *Primeiro Passo* passou a ser exigir uma investigação sobre se as instruções do Congresso são ambíguas ou não. Caso sejam, os Tribunais devem prosseguir para o *Segundo Passo*: "[s]e a lei for omissa ou ambígua em relação à questão específica, a pergunta para o Tribunal é se a resposta da agência se baseia em uma construção permissível da lei". Com a segunda etapa, os Tribunais perguntam se a interpretação da agência é "permissível" e não se é correta.

---

[335] Ver *Natural Resources Defense Council, Inc. v. Gorsuch*, 685 F.2d 718 (District of Columbia Circuit, 1982), revertido em outro caso, *Chevron, U.S.A., Inc. v. Natural Resources Defense Council, Inc.*, 467 U.S. 837 (1984).

CAPÍTULO V – SALVAGUARDAS SUBSTITUTAS EM AÇÃO

É importante que, de acordo com o Direito atual, a deferência *Chevron* seja cuidadosamente circunscrita, embutida em um regime doutrinário reticulado de salvaguardas substitutas que tentam abordar as preocupações sobre legalidade e discricionariedade administrativa, enquanto também acomodam as forças que produziram o próprio *Chevron*, inicialmente. Mencionaremos apenas alguns dos mais proeminentes.

1. *Delegação*. Tal como a Corte tem entendido a doutrina *Chevron*, ela está radicada em um julgamento antecedente – muitas vezes referido como *Chevron Step Zero* – de que uma concessão de autoridade normativa ou adjudicativa implicitamente carrega consigo o poder de interpretar ambiguidades, desde que a interpretação seja razoável.[336] A ideia aparente é que, embora os Tribunais decidam questões jurídicas relevantes, as respostas a essas questões podem depender, por direção do Congresso, do que a agência disse – pelo menos se a agência tiver autoridade normativa ou adjudicativa, a lei for ambígua e a interpretação da agência for razoável. Em nossa opinião, a abordagem da Corte não viola nada no *APA* ou na Constituição dos EUA.

2. *Clareza*. Na primeira etapa, não há deferência à agência. Os Tribunais decidem por si próprios se um termo legal é ambíguo. As agências não têm direito a qualquer deferência sobre essa questão. Esse é um limite importante de *Chevron*. Se as agências pudessem dizer se as leis são ambíguas, poderia haver uma questão séria nos termos do artigo III. Mas, tal como a lei está escrita, as agências têm autoridade interpretativa apenas em face do que um Tribunal considera ambiguidade. Isso não lhes dá grandes poderes. No entanto, as agências estão muito melhor com *Chevron* do que sem ela, no sentido de que têm espaço

---

[336] SUNSTEIN, Cass R. "Chevron Step Zero". *Virginia Law Review*, n° 92, 2006, p. 191; ver *United States v. Mead Corp.*, 533 U.S. 218, 229. Essa proposição não significa que as interpretações das agências serão negadas à deferência de *Chevron* quando as agências não estiverem exercendo a regulamentação ou a adjudicação formal. Nesses casos, estamos em uma espécie de zona cinzenta, para a qual a decisão principal é *Barnhart v. Walton*, 535 U.S. 212 (2002), estabelecendo um teste de equilíbrio para casos que se enquadram nessa zona cinzenta.

para interpretar disposições ambíguas da maneira que considerarem razoavelmente adequada.[337]

Dito de outra forma: sob *Chevron*, o Tribunal é sempre obrigado a exercer seu próprio julgamento independente no *Primeiro Passo* ao decidir se há ambiguidade. A palavra "levar" não pode significar "cantar", "admirar" ou "espirrar". *Somente após o Tribunal julgar de maneira independente a ambiguidade do um termo é que a estrutura de Chevron se aplica.* Poderíamos imaginar, e deveríamos enfatizar, que surgiria uma séria questão constitucional se o Congresso proibisse esse julgamento independente – se dissesse que as agências, e não os Tribunais, decidirão se há ambiguidade na lei. Mas *Chevron* não se baseia em tal proibição. Pelo contrário, os Tribunais permanecem no comando, no sentido de que têm o direito de decidir se a lei é realmente ambígua.

3. *Razoabilidade.* No *Segundo Passo*, as agências são sempre encarregadas de mostrar que suas interpretações são razoáveis. Assim, mesmo quando a Suprema Corte conclui que o Congresso encarregou as agências de oferecer interpretações com força de lei (*Passo Zero*), e mesmo quando as ferramentas tradicionais de interpretação indicam uma lacuna ou ambiguidade (*Primeiro Passo*), ainda é verdade que a agência deve apresentar uma interpretação razoável da ambiguidade e basear-se em escolhas políticas razoáveis (aqui, como a Corte frequentemente observou, o *Segundo Passo* se sobrepõe ao controle de arbitrariedade).

4. *Principais perguntas e expertise da agência.* Em uma importante decisão de 2015, no caso *King v. Burwell*, o presidente da Suprema Corte Roberts escreveu à Corte para rejeitar uma contestação legal à política implementada a partir do *Affordable Care Act*.[338] A Corte declarou que a interpretação feita pelo *Internal Revenue Service* da *Affordable Care Act* não

---

[337] Ver ELLIOTT, E. Donald. "Chevron matters: how the Chevron doctrine redefined the roles of Congress, courts and agencies in environmental law". *Villanova Environmental Law Journal*, n° 16, 2005, p. 3-8; SCHUCK, Peter H.; ELLIOTT, E. Donald. "To the Chevron station: an empirical study of federal Administrative Law". *Duke Law Journal*, n° 5, 1990, pp. 1024–1025.

[338] *Chen v. Mayor*, 135 S. Ct. 475 (2014).

CAPÍTULO V – SALVAGUARDAS SUBSTITUTAS EM AÇÃO

tinha direito a deferência, essencialmente por duas razões. Primeiro, a questão equivalia a uma "questão de grande importância econômica e política", de modo que se deve presumir que o Congresso não a relegou à tomada de decisões da agência. Em segundo lugar, a questão, sobre política de saúde, estava além da competência própria da *Internal Revenue Service*. Como vimos, essa segunda ideia foi escolhida, por analogia, pela juíza Kagan na opinião plural no caso *Kisor*, que sugeria que a interpretação da agência "deve de alguma forma implicar sua expertise substantiva".[339]

A opinião do presidente da Suprema Corte, Roberts, no caso *King v. Burwell* pressagia o provável futuro da *Chevron*: provavelmente prevalecerá como uma estrutura organizacional, sujeita a salvaguardas calibradas. A deferência judicial às interpretações das agências sobre as leis, de uma forma ou de outra, provavelmente veio para ficar (observe que vários juízes do passado e do presente que expressaram oposição à deferência *Auer* recusaram-se a aderir a críticas mais radicais à deferência *Chevron*; os juízes Alito e Scalia são exemplos). *Chevron* continua a servir como uma espécie de regime de governo, uma miniconstituição ampla e aberta para a deferência judicial, que tolera e incorpora uma diversidade de abordagens em um *modus vivendi*. Para o futuro, algo como a opinião da juíza Kagan em *Kisor* fornece um excelente guia – manter *Chevron* enquanto insiste que cabe aos juízes, e não às agências, decidir se as leis delegam o poder de interpretação aos administradores, se as leis contêm ambiguidades e se as resoluções das agências sobre essas ambiguidades são razoáveis.

Controle de arbitrariedade, pretexto e congruência

Defendemos uma abordagem geral de que a Corte implementou, com relação à deferência *Auer* e *Chevron*, uma abordagem de salvaguardas substitutas, na qual as agências desfrutam de autoridade estendida, mas na qual essa autoridade é moldada e restringida pela moralidade do

---

[339] *Kisor v. Wilkie*, 139 S. Ct. 2400, 2417 (2019). [tradução livre].

Direito Administrativo. Essa mesma abordagem dominou o caso mais politicamente polêmico da sessão de 2018, o caso do censo, *Department of Commerce v. New York*.[340]

Uma posição, fortemente solicitada pelos demandantes e adotada em alguns casos por Tribunais inferiores, foi declarar que estava além da autoridade do secretário de Comércio adicionar uma questão sobre nacionalidade, seja por motivos constitucionais ao abrigo da cláusula de enumeração, ou por motivos legais, nos termos da lei que delegava ao secretário a autoridade do censo do Congresso.[341] Uma clara maioria da Corte afastou essas alegações sem muito esforço, observando a amplitude da linguagem constitucional e legal (aqui está uma comparação e um contraste interessantes com *Gundy*; no caso do censo, a maioria estava muito menos preocupada em abranger as delegações sob uma linguagem legal essencialmente irrestrita). Além disso, a maioria se esforçou para enfatizar – ao contrário das suposições do Tribunal inferior, suposições que não têm nenhum fundamento na doutrina do Direito Administrativo – que os chefes de agência não estão de forma alguma limitados pelas recomendações dos especialistas da equipe e nem mesmo devem aos Tribunais qualquer justificativa especial para recusar-se a seguir essas recomendações. Finalmente, a Corte adotou expressamente uma postura fortemente deferente em relação aos julgamentos da agência em situações de incerteza.

Pela mesma razão, entretanto, a maioria não estava disposta a declarar as questões relevantes "transferidas para a discricionariedade da agência por lei" e, portanto, não passíveis de revisão nos termos do *APA*, uma vertente defendida pelo Juiz Alito em dissidência. A maioria achava que havia "lei a ser aplicada", segundo o padrão principal de controle, em parte por causa da autoridade judicial, nos termos do *APA* § 706, para revisar os "requisitos gerais para tomada de decisão fundamentada da agência". Isso pode ser visto como uma interpretação nitidamente ampliada do padrão "nenhuma lei a ser aplicada", dado que esses requisitos estão sempre

---

340 *Department of Commerce v. New York*, 139 S. Ct. 2551 (2019).
341 Ver, e.g., *New York v. U.S. Department of Commerce*, 351 F. Supp. 3d. 502 (Southern District of New York, 2019).

CAPÍTULO V – SALVAGUARDAS SUBSTITUTAS EM AÇÃO

presentes para ação da agência e, portanto, pode-se dizer que se criam leis para serem aplicadas para fins de determinação da possibilidade de revisão. A Corte provavelmente não pretende limitar radicalmente a exceção para a ação da agência para as situações "transferidas para a discricionariedade da agência por lei", mas sua abordagem à capacidade de revisão ressalta o caráter duplo da abordagem da Corte: permissiva com relação ao escopo substantivo da autoridade da agência, mas atenta aos modos processuais e às razões pelas quais as agências exercem essa autoridade.

Em contraste com ambas as abordagens rejeitadas – colocar limites substantivos rígidos no escopo da autoridade da agência ou declarar a discricionariedade da agência como totalmente irreversível –, a Corte buscou uma estratégia diferente, uma que lembra muito a abordagem de "salvaguardas substitutas" e que se encaixa em nossos objetivos perfeitamente: uma forma limitada e circunscrita de análise do pretexto para o raciocínio da agência, sob o teste arbitrário e aleatório do *APA*. A análise do pretexto feita pela Corte foi notavelmente limitada, na medida em que não se aplica quando a agência tem razões declaradas e não declaradas para a sua decisão (desde que as razões declaradas sejam defendidas com sinceridade). No entanto, a Corte indiscutivelmente indicou que, em "circunstâncias incomuns", um Tribunal de revisão pode declarar a única razão expressa por uma agência como pretexto, à luz de todo o curso do comportamento da agência e, portanto, requerer mais explicações ou uma mudança de decisão pela agência.

Uma maneira simples de entender esse recurso é que a Corte instrui uma agência que se envolveu na justificação sob pretexto para tornar sua fundamentação *congruente* com suas ações, de uma forma ou de outra – seja alterando as ações ou admitindo as justificativas reais. Dessa forma, o controle do pretexto é melhor entendido como uma aplicação da oitava maneira de falhar ao elaborar uma lei de Fuller: "uma falha de congruência entre as regras anunciadas e sua administração real". Posto de forma positiva, um desiderato de conduta governamental semelhante à lei – e, no extremo, um requisito mínimo de legalidade – é que as justificativas declaradas não devem ser impossíveis de conciliar com o comportamento real dos funcionários que as declaram.

Tal como acontece com todos os princípios da moralidade do Direito Administrativo, essa é uma escala ou um *continuum*, em vez de uma mudança binária. Fora dos contextos limitados em que a lei dá um escrutínio estrito para a adaptação da justificativa à ação, as agências têm amplo espaço para oferecer justificativas plausíveis que são legalmente razoáveis, mesmo que não sejam precisamente congruentes com tudo o que a agência faz. No entanto, o *Department of Commerce v. New York* é melhor entendido no sentido de que um grau de incongruência tão grande a ponto de tornar a justificativa administrativa essencialmente não relacionada à ação da agência é uma falha completa de legislação, a tal ponto de a agência não oferecer nenhuma declaração legalmente reconhecível de seu raciocínio para fins de revisão de arbitrariedade. Isso é quintessencialmente fulleriano.

Nada disso é para endossar a visão de que a chamada *hard look review* é algo parecido com a norma no controle judicial de ações administrativas, pelo menos não no nível da Suprema Corte.[342] De fato, a Corte considerou claramente que a inclusão de uma questão sobre nacionalidade no censo teria sido uma ação inteiramente razoável, dadas as incertezas intrínsecas das consequências, se o departamento tivesse oferecido uma justificativa transparente e não um pretexto. Também, aqui, a abordagem da Corte está radicada na moralidade do Direito Administrativo, entendida como salvaguardas substitutas. Em vez de tentar fazer um exame minucioso das escolhas das políticas internas da agência, a Corte atua aqui para garantir apenas os pré-requisitos mínimos para que a legalidade da ação da agência seja observada. Este é o próprio empreendimento que instamos, que tenta acomodar visões controversas e contenciosas de apoiadores e críticos da ação administrativa, permitindo amplo escopo para a iniciativa política, ao mesmo tempo em que aborda as preocupações finais sobre o Estado de Direito que animam os críticos do Estado Administrativo. A iniciativa redentora da Corte é legitimar, em vez de restringir, o Estado Administrativo, evocando e formalizando os princípios internos e a lógica da moralidade do Direito.

---

[342] Para uma discussão relevante, ver GERSEN, Jacob; VERMEULE, Adrian. "Thin rationality review". *Michigan Law Review*, nº 114, 2016.

CONSIDERAÇÕES FINAIS

Como na década de 1930, também nas primeiras décadas do século XXI: o exercício de ampla autoridade discricionária por parte do Estado Administrativo está sob ataque radical, não apenas no processo político, mas também no âmbito do Direito Constitucional. Em nossa opinião, o combate contra determinadas agências e práticas específicas enfraquece muito a força desse ataque. Considere as agências do gabinete, incluindo não apenas os *Departments of Defense and State*, mas também os *Departments of Agriculture, Commerce, Transportation, Energy*, e *Health and Human Services*, juntamente com a *Environmental Protection Agency*. Todas essas agências foram criadas pelo Congresso. Em muitas ocasiões, o Congresso limitou drasticamente o arbítrio delas. Em todos os casos, elas estão sujeitas ao controle permanente do presidente.

Ou considere as agências independentes, incluindo o *Federal Reserve Board*, a *Federal Communications Commission*, a *Federal Trade Commission*, a *Consumer Product Safety Commission*, a *Social Security Administration* e a *Nuclear Regulatory Commission*. Todas essas agências também são criações do Congresso. Muitas vezes, o arbítrio delas também é bastante limitado. E embora não estejam sujeitas ao controle contínuo do presidente, seus membros são indicados por ele. Suas políticas tendem a se ajustar às suas inclinações.

Simplesmente por uma questão de história, não é fácil demonstrar que o Estado Administrativo moderno ultrapassa as linhas traçadas pela Constituição original, seja no artigo I, no artigo II ou no artigo III. Algumas das alegações de transgressão mais proeminentes acabam sendo exercícios de retórica, não de história. Mesmo que essas alegações pudessem ser defendidas, muitas pessoas não são "originalistas". Elas concordam, é claro, que o texto da Constituição é vinculativo, mas discordam de que seu significado seja determinado pelo que as pessoas pensavam em 1787.

Se estamos preocupados com a democracia, a liberdade ou o bem-estar geral, há muito a ser dito a favor, e não contra, o Estado Administrativo moderno. No governo contemporâneo, as agências federais e estaduais são indiscutivelmente produtos da vontade democrática (reconhecendo o papel dos grupos privados com interesses próprios). Em alguns casos, elas promovem a liberdade, pelo menos em certas modalidades desse ideal em disputa. Elas podem promover, e frequentemente promovem, o bem comum e aumentam o bem-estar humano. Muitas pessoas não são entusiastas da análise de custo-benefício, mas se nos preocupamos com o bem-estar, é pelo menos digno de nota que os benefícios da ação de agência muitas vezes excedem os custos, e por uma margem ampla.

Reconhecemos que algumas práticas das agências levantam sérias questões constitucionais e estamos plenamente cientes de que muitas pessoas acharão o quadro que acabamos de desenhar muito otimista. Isso está longe de ser o melhor de todos os mundos possíveis. Às vezes, as agências violam a lei. Às vezes, agem arbitrariamente. Elas podem ser injustas. Podem ser influenciadas por poderosos interesses privados — podendo até defender seus interesses. Elas podem não usar sua expertise. Podem ameaçar a liberdade. Elas podem reduzir o bem-estar e agir de forma contrária ao bem comum.

Nossa afirmação central aqui é que, na melhor das hipóteses, o Direito Administrativo americano tem sua própria moralidade interna, um reflexo da moralidade interna do Direito. Essa moralidade interna aplaca muitas das preocupações e objeções daqueles que são profundamente céticos em relação ao Estado Administrativo. Ela confere poderes, mas também canaliza a autoridade administrativa, não pela abolição das agências, mas pela insistência em um conjunto de princípios que

CONSIDERAÇÕES FINAIS

se pode dizer, com justiça, que constituem o antigo ideal do Estado de Direito, como um arranjo racional que ajuda a promover o bem comum. Oferece salvaguardas substitutas – não invalidação constitucional, mas verificações e limites que promovem a fidelidade à lei e que exigem justificativas fundamentadas. Crucialmente, estas moldam e legitimam o Estado Administrativo, ajudando a tornar a ação da agência eficaz não como comando arbitrário, mas como Direito.

Essa é uma das ideias mais antigas do Direito e da Teoria do Direito, particularmente o Direito do Poder Executivo. No século XIII, o tratado de Bracton sobre as leis da Inglaterra observou algo muito semelhante ao rei – em termos que, pelo que sabemos, podem ter influenciado as ideias de Fuller. "Porque a lei faz o rei", disse Bracton (ou uma interpolação de Bracton), "que ele, portanto, conceda à lei o que a lei concede a ele, ou seja, governo e poder. [Pois] não há *rex* onde a vontade governa em vez da *lex*".[343] O ponto, aqui, não seria bem compreendido em termos de restrições ao rei, embora esse corolário possa ser traçado. Em vez disso, a questão é que a lei é *constitutiva* do lugar e do "ofício rei", e que governar de acordo com a lei é em si um pré-requisito para a eficácia de governar *como* rei. Esta questão, apropriadamente transposta e modificada, é nossa afirmação básica sobre a moralidade do Direito Administrativo. Seus princípios processuais constituem e canalizam a ação administrativa, tornando-a eficaz como Direito.

O resultado tem duas faces: os princípios da moralidade do Direito Administrativo fortalecem e restringem o Estado Administrativo. É precisamente essa dualidade que nos dá esperança de que esses princípios possam servir ao objetivo básico do Direito Administrativo, explicado na introdução, de resolver "contendas prolongadas e severamente disputadas, e promulgar uma fórmula sobre a qual forças sociais e políticas adversárias possam se apoiar".[344]

---

[343] BRACTON, Henry de. *On the laws and customs of England*. Trad. Samuel Thorne. vol. 2, 1968, pp. 33. [tradução livre].
[344] *Wong Yang Sung v. McGrath*. 339 U.S 33 (1950). (JACKSON, J.).

Em nossa opinião, a moralidade do Direito Administrativo é algo a ser celebrado. Na medida em que os Estados Unidos vivem de acordo com ela, é algo pelo qual os americanos deveriam ser gratos. E, mesmo em suas formas modestas, tem um toque fundamental. Ela sugere reforma, não apenas celebração. Em vários âmbitos, e em todo o mundo, precisamos de mais fidelidade a ela.

BIBLIOGRAFIA

@chris_j_walker, Twitter (June 26, 2019, 11:42 a.m. BRT), WALKER, Chris. https://twitter.com/chris_j_walker/status/1143892190759985153.

ADLER, Matthew D. *Well-being and fair distribution*: beyond cost-benefit analysis. Nova York: Oxford University Press, 2012.

AGUIAR, Hipólito. *Medicamentos, que realidade?* Passado, presente e futuro. Lisboa: Graffis, 2002.

ALEXANDER, Larry; PRAKASH, Saikrishna. "Delegation Really Running Riot". *Virginia Law Review*, n° 93, 2007.

ALLISON, J. W. F. "The limits of adversarial adjudication". *In*: ALLISON, J. W. F. *A continental distinction in the common law*: a historical and comparative perspective on English Public Law. Revised edition, Oxford: Oxford University Press, 2000.

BAGLEY, Nicholas. "The procedure fetish". *Michigan Law Review*, n° 118, 2019.

BAKER, Warren E. "Policy by rule or ad hoc approach: which should it be?". *Law & Contemporary Problems*, n° 22, 1957.

BARDACH, Eugene; KAGAN, Robert. *Going by the book*: the problem of regulatory unreasonableness. Abingdon: Routledge, 2002.

BARNETT, Kent; WALKER, Christopher J. "Chevron in the Circuit Courts". *Michigan Law Review*, n° 116, 2017.

BARNETT, Randy E. *Restoring the lost Constitution*: the presumption of liberty. Princeton: Princeton University Press, 2013.

BEERMANN, Jack M.; LAWSON, Gary. "Reprocessing Vermont Yankee". *George Washington Law Review*, n° 75, 2007.

BOURGIN, Frank. *The great challenge*: the myth of laissez-faire in the Early Republic. Nova York: George Braziller, 1989.

BRACTON, Henry de. *On the laws and customs of England*. Trad. Samuel Thorne. vol. 2, 1968.

BREYER, Stephen G. et al. *Administrative law and regulatory policy*. New York: Wolters Kluwer, 2017.

BREYER, Stephen. *Regulation and its reform*. Cambridge: Harvard University Press, 1981.

BUCKLEY, F. H. *The once and future king*: the rise of crown government in America. Nova York: Encounter Books, 2015.

CANDEUB, D. A. "Tyranny and Administrative Law". *Arizona Law Review*, n° 59, 2017.

CHANGES, Saul Levmore. "Anticipations, and reparations". *Columbia Law Review*, n° 99, 1999.

CRAIG, Paul P. "English Foundations of U.S. Administrative Law: four central erros". *Oxford Legal Studies Research Papers*, n° 3, 2017. Disponível em: https://papers.ssrn.com/sol3/papers.cfm?abstract_id=2852835/. Acessado em: 21.10.2021.

DAVIDSON, Nestor M. et al. "Regleprudence". *Georgetown Law Journal*, n° 103, 2015.

DAVIS, Kenneth Culp. "A new approach to delegation". *University of Chicago Law Review*, n° 36, 1969.

DAVIS, Kenneth Culp. "Administrative common law and the Vermont Yankee opinion". *Utah Law Review*, n° 1, 1980.

DAVIS, Kenneth Culp. *Discretionary justice*: a preliminary inquiry. Baton Rouge: Louisiana State University Press, 1969.

DWORKIN, Ronald. *O império do Direito*. Trad. Jefferson Luiz Camargo. São Paulo: Martins Fontes, 1999.

DYZENHAUS, David. "Positivism and the Pesky Sovereign". *European Journal of International Law*, n° 22, 2011.

DYZENHAUS, David. *The constitution of law*: legality in a time of emergency. Cambridge: Cambridge University Press, 2006.

BIBLIOGRAFIA

ELLIOTT, E. Donald. "Chevron matters: how the Chevron doctrine redefined the roles of Congress, courts and agencies in environmental law". *Villanova Environmental Law Journal*, n° 16, 2005.

EPSTEIN, Richard A. "The perilous position of the rule of law and the Administrative State". *Harvard Journal of Law & Public Politics*, n° 36, 2013.

EPSTEIN, Richard A. *How progressives rewrote the Constitution*. Washington, DC: Cato Institute, 2006.

ERNST, Daniel R. *Tocqueville's nightmare*: the Administrative State emerges in America, 1900-1940. Nova York: Oxford University Press, 2014.

ESKRIDGE JR., William N.; FEREJOHN, John A. *A republic of statutes*. New Haven: Yale University Press, 2010.

ESTREICHER, Samuel. "Policy oscillation at the labor board: a plea for rulemaking". *Administrative Law Review*, n° 37, 1985.

FAHEY, Caitlin Jeanne. *Altogether governed by humours*: the four ancient temperaments in Shakespeare. Graduate Theses and Dissertations. University of South California, 2008. Disponível em: https://scholarcommons.usf.edu/etd/230/. Acessado em: 21.10.2021. (N.T.)

FALLON, JR., Richard H. "Legitimacy and the Constitution". *Harvard Law Review*, n° 118, 2005.

FREEMAN, Jody; SPENCE, David B. "Old statutes, new problems". *University of Pennsylvania Law Review*, n° 163, 2014.

FRIENDLY, Henry J. *The Federal Administrative Agencies*. Cambridge: Harvard University Press, 1962.

FULLER, Lon L. "Positivism and fidelity to law: a reply to Professor Hart". *Harvard Law Review*, n° 71, 1958.

FULLER, Lon L. "The forms and limits of adjudication". *Harvard Law Review*, n° 92, 1978.

FULLER, Lon L. *The morality of Law.* New Haven: Yale University Press, 1962.

FULLER, Lon L. *The morality of Law*. Revised edition, New Haven: Yale University Press, 1969.

FULLER, Lon. L. "The forms and limits of adjudication". *Harvard Law Review*, n° 92, 1978.

GERSEN, Jacob; VERMEULE, Adrian. "Chevron as a voting rule". *Yale Law Journal* n° 116, 2007.

GERSEN, Jacob; VERMEULE, Adrian. "Thin rationality review". *Michigan Law Review*, nº 114, 2016.

GINSBURG, Douglas H. "Delegation Running Riot". *Regulation*, nº 79, 1995.

GRUNEWALD, Mark H. "The NLRB's first rulemaking: an exercise in pragmatism". *Duke Law Journal*, nº 41, 1991.

HALE, Robert L. "Coercion and distribution in a supposedly non-coercive state". *Political Science Quarterly*, nº 38, 1923.

HAMBURGER, Philip. "Chevron Bias". *George Washington Law Review*, nº 84, 2016.

HAMBURGER, Philip. *Is Administrative Law unlawful?* Chicago: The University of Chicago Press, 2014.

HART, H. L. A. "Positivism and the separation of law and morals". *Harvard Law Review*, nº 71, 1958.

HART, H. L. A. *O conceito de Direito*. Trad. A. Ribeiro Mendes. 3ª ed. Lisboa: Fundação Calouste Gulbenkian, 2001.

HAYEK, Friedrich A. von. *The road to serfdom*. Chicago: The University of Chicago Press, 1944.

HOWARD, Philip K. *The rule of nobody*. New York: W. W. Norton & Company, 2014.

JAFFE, Louis Leventhal. *Judicial Control of Administrative Action*. Boston: Little Brown, 1965

KAPLOW, Louis. "Rules versus Standards: an economic approach". *Duke Law Journal*, nº 42, 1992.

KARANJIA, Peter. "Hard cases and tough choices: a response to professors Sunstein and Vermeule". *Harvard Law Review Forum*, nº 132, 2019.

KATZMANN, Robert A. *Judging Statutes*. New York: Oxford University Press, 2014.

KAVANAUGH, Brett M. "Fixing statutory interpretation". *Harvard Law Review*, nº 129, 2016.

LANDIS, James M. "Administrative policies and the courts". *Yale Law Journal*, nº 47, 1938.

LANDIS, James M. *The administrative process*. New Haven: Yale University Press, 1938.

LAWSON, Gary. "The rise and rise of the Administrative State". *Harvard Law Review*, nº 107, 1994.

BIBLIOGRAFIA

LESKE, Kevin O. "A rock unturned: justice Scalia's (unfinished) crusade against the Seminole rock deference doctrine". *Administrative Law Review*, n° 69, 2017.

LEVMORE, Saul. "Changes, anticipations, and reparations". *Columbia Law Review*, n° 99, 1999.

LOWI, Theodore J. *The end of liberalism*: the second republic of the United States. Nova York: W. W. Norton, 2009.

MADISON, James; HAMILTON, Alexander; JAY, John. Os Artigos Federalistas 1787-1788. Trad. Maria Luiza X. de A. Borges. Rio de Janeiro: Nova Fronteira, 1991.

MANNING, John F. "Constitutional structure and judicial deference to Agency Interpretations of Agency Rules". *Columbia Law Review*, n° 96, 1996.

MARTINS, Lilian Al-Chueyr Pereira et al. "A Teoria dos temperamentos: do corpus hippocraticum ao século XIX". *Memorandum*, vol. 14, pp. 9-24, 2008. Disponível em: https://www.fafich.ufmg.br/~memorandum/a14/martisilmuta01.pdf/. Acessado em: 21.10.2021. (N.T.)

MASHAW, Jerry L. *Creating the administrative constitution*: the lost one hundred years of American administrative law. New Haven: Yale University Press, 2012

McCUBBINS, Matthew D.; NOLL, Roger; WEINGAST, Barry R. "The political origins of the Administrative Procedure Act". *Journal of Law, Economics & Organization*, n° 15, 1999.

MERRILL, Thomas W. "The Accardi principle". *George Washington Law Review*, n° 74, 2006.

METZGER, Gillian E. "1930s redux: the Administrative State under Siege". *Harvard Law Review*, n° 131, 2017.

MICHAELS, John. "The American deep state". *Notre Dame Law Review*, n° 93, 2018. (N.T.)

MILES, Thomas J.; SUNSTEIN, Cass R. "Do judges make regulatory policy? An empirical investigation of Chevron". *University of Chicago Law Review*, n° 73, 2006.

MORTENSON, Julian Davis; BAGLEY, Nicholas. "Delegation at the founding". *Columbia Law Review*, n° 121, 2021. Disponível em: https://papers.ssrn.com/sol3/papers.cfm?abstract_id=3512154. Acessado em: 21.10.2021.

MURPHY, Colleen M. "Lon Fuller and the moral value of the rule of law". *Law & Philosophy*, n° 24, 2005.

MURRAY, Charles. *By the people*: rebuilding liberty without permission. Nova York: Crown Forum, 2015.

PIERCE, JR., Richard J. "What factors can an agency consider in making a decision?". *Michigan State Law Review*, n° 67, 2009.

POJANOWSKI, Jeffrey A. "Neoclassical Administrative Law". *Harvard Law Review*, n° 133, 2020.

POSNER, Eric A.; VERMEULE, Adrian. "Interring the Nondelegation Doctrine". *University of Chicago Law Review*, n° 69, 2002.

POSNER, Eric A.; VERMEULE, Adrian. "The votes of other judges". *Georgetown Law Journal*, n° 105, 2016.

POSTELL, Joseph. *Bureaucracy in America*: the Administrative State's challenge to constitutional government. Columbia: University of Missouri Press, 2017.

POUND, Roscoe. "The place of the Judiciary in a democratic polity". *American Bar Association Journal*, n° 27, 1941.

POUND, Roscoe. *Administrative Law*: its growth, procedure, and significance. Pittsburgh: Pittsburg University Press, 1942.

PRAKASH, Saikrishna Bangalore. *Imperial from the beginning*: the constitution of the original Executive. New Haven: Yale University Press, 2015.

RAZ, Joseph. "The rule of law and its virtue". *In*: RAZ, Joseph. *The authority of law*: essays of law and morality. Nova York: Oxford University Press, 1986.

RUBIN, Edward L. "Law and legislation in the Administrative State". *Columbia Law Review*, n° 89, 1989.

SCALIA, Antonin. "Judicial deference to administrative interpretations of law". *Duke Law Journal*, n° 3, 1989.

SCALIA, Antonin. "The rule of law as a law of rules". *University of Chicago Law Review*, n° 56, 1989.

SCALIA, Antonin. "Vermont Yankee, the APA, and the D.C. Circuit". *Supreme Court Review*, n° 345, 1978.

SCHAUER, Frederick A. "Brief note on the logic of rules, with special reference to Bowen v. Georgetown University Hospital". *Administrative Law Review*, n° 42, 1990.

SCHOENBROD, David. *Power without responsibility*: how Congress abuses the people through delegation. New Haven: Yale University Press, 1993.

SCHOENBROD, David. *Power without responsibility:* how Congress abuses the people through delegation. New Haven: Yale University Press, 1995.

BIBLIOGRAFIA

SCHUCK, Peter H.; ELLIOTT, E. Donald. "To the Chevron station: an empirical study of federal Administrative Law". *Duke Law Journal*, n° 5, 1990.

SHAPIRO, David L. "The choice of rulemaking or adjudication in the development of administrative policy". *Harvard Law Review*, n° 78, 1965.

SHEPHERD, George. "Fierce compromise: the Administrative Procedure Act emerges from New Deal Politics", *Northwestern Law Review*, n° 90, 1996.

SOLZHENITSYN, Aleksandr I. *The Gulag Archipelago*. vol 1, Nova York: Basic Books, 1997.

STACK, Kevin M. "An administrative jurisprudence: the rule of law in the Administrative State". *Columbia Law Reviews*, n° 115, 2015.

STEPHENSON, Matthew C.; VERMEULE, Adrian. "Chevron has only One Step". *Virginia Law Review*, n° 95, 2009.

STONE, Geoffrey R. "King George's Constitution". *University of Chicago Law School Faculty Blog,* December 20, 2005. Disponível em: https://uchicagolaw.typepad.com/faculty/2005/12/king_georges_co.html/. Acessado em: 21.10.2021.

SUNSTEIN, Cass R.; VERMEULE, Adrian. "Libertarian Administrative Law". *University of Chicago Law Review*, n° 82, 2015.

SUNSTEIN, Cass R. "Constitutionalism after the New Deal". *Harvard Law Review*, n° 101, 1987.

SUNSTEIN, Cass R. *The cost-benefit revolution.* Cambridge: MIT Press, 2018.

SUNSTEIN, Cass R. "Chevron Step Zero". *Virginia Law Review*, n° 92, 2006.

SUNSTEIN, Cass R. "Interest groups in American Public Law". *Stanford Law Review*, n° 38, 1985.

SUNSTEIN, Cass R. *The second bill of rights*: FDR's unfinished revolution and why we need it more than ever. Cambridge: Basic Books, 2006.

TASIOULAS, John. "The rule of law". *In*: TASIOULAS, John. (Coord.). *The Cambridge companion to the Philosophy of Law.* Cambridge: Cambridge University Press, 2019.

TOMKINS, Adam. *Our Republican Constitution.* Portland: Hart Publishing, 2005.

VERMEULE, Adrian. "Bureaucracy and distrust: Landis, Jaffe and Kagan on the Administrative State". *Harvard Law Review*, n° 130, 2017.

VERMEULE, Adrian. "Chevron as a legal framework, *Jotwell,* October 24, 2017. Disponível em: https://adlaw.jotwell.com/chevron-as-a-legal-framework/. Acessado em: 21.10.2021.

VERMEULE, Adrian. "Never jam today". *Mirror of Justice,* June 20, 2019. Disponível em: https://mirrorofjustice.blogs.com/mirrorofjustice/2019/06/never-jam-today.html/. Acessado em: 21.10.2021.

VERMEULE, Adrian. "Optimal abuse of power". *Northwestern University Law Review*, nº 109, 2015.

VERMEULE, Adrian. "Our schmittian Administrative Law". *Harvard Law Review*, nº 122, 2009.

VERMEULE, Adrian. *Law's abnegation*: from law's empire to the Administrative State. Cambridge: Harvard University Press, 2016.

VERMEULE, Adrian. *The Constitution of risk.* Nova York: Cambridge University Press, 2014.

VERMEULE, Adrian. *The system of the Constitution.* Nova York: Oxford University Press, 2011.

WALKER, Chris. "What Kisor means for the future of Auer deference: the new Five-Step Kisor deference doctrine". *Yale Journal of Regulation: Notice & Comment*, June 26, 2019. Disponível em: https://www.yalejreg.com/nc/what-kisor-means-for-the-future-of-auer-deference-the-new-five-step-kisor-deference-doctrine/. Acessado em: 21.10.2021.

WEBER, Max. "The Reich President". *Social Research*, nº 53, 1986.

WHITTINGTON, Keith; IULIANO, Jason. "The myth of the Nondelegation Doctrine". *University of Pennsylvania Law Review*, nº 165, 2017.

NOTAS

NOTAS

NOTAS

NOTAS

NOTAS

A Editora Contracorrente se preocupa com todos os detalhes de suas obras! Aos curiosos, informamos que este livro foi impresso no mês de outubro de 2021, em papel Pólen Soft 80g, pela Gráfica Grafilar.